꿈만 같습니다

도서출판 꿈미는 가정과 교회가 연합하여 다음 세대를 일으키는 대안적 크리스천 교육기관인 사단법인 꿈이있는미래의 사역을 돕는 월간지와 교재, 단행본을 출간합니다.

꿈만 같습니다

초판 인쇄 2020년 5월 6일
초판 발행 2020년 5월 8일

발행인 김은호
글쓴이 김은호
발행처 도서출판 꿈미
등 록 제2014-000035호(2014년 7월 18일)
주 소 서울시 강동구 양재대로81길 39, 이노빌딩 2층
전 화 02-6413-4896
팩 스 02-470-1397
홈페이지 http://www.coommi.org
쇼핑몰 http://www.coommimall.com

ISBN 979-11-89047-85-6 03230

비전으로 달려온 서른 살 오륜교회

꿈만 같습니다

김은호 지음

2020~

제6장 새로운 30년을 위한 오륜교회 미래 비전

꿈만 같은 은혜를 경험하게 하신
하나님께 모든 영광을 돌립니다

1989년 3월 25일, 강동구 길동에 상가건물 2층을 임대해 교회를 개척할 때 제 마음속에 두 가지 소원이 있었습니다. 첫째는 교회의 주인이 목사가 아니고 주님이심을 드러내고 싶었습니다. 교회의 정체성이 단지 그 교회의 브랜드나 특정 목회자의 리더십에서 나올 때 교회는 말씀의 생기를, 찬양의 감격을, 기도의 능력을 잃어버립니다. 그 때문에 예배와 교제, 모든 관계와 사역에서 예수 그리스도가 하나님이심을 선포함을 우선순위로 삼았습니다. 그렇게 사람의 지식과 경험으로가 아니라 오직 하나님이 주님의 몸 된 공동체를 다스리시고 섭리하시도록 기도했습니다.

또 하나는 십자가의 피 묻은 복음이 얼마나 위대한지를 널리 알리고 싶었습니다. 처음에 가진 것이라고는 하나 없이 교회를 개척했습니다. 그런데도 도움의 손길 한 번 구하지 않았습니다. 개척할 때 왜 두려움이 없었겠습니까? 왜 걱정이 없었겠습니까? 그러나 복음을 분명하게 증거하기 위해 목회자인 제가 먼저 말씀대로 살아 내고 싶었습니다. 목회자가 먼저 성령님의 뜨거운 임재를 경험해야 강단에서 말씀이 주시는 은혜를 전심으로 전할 수 있으리라는 믿음 때문이었습니다. 하나님의 일을 행함에 있어 사람에게 구걸하지 않았습니다. 오직 주님뿐이기에 십자가의 피 묻은 복음을 전하기 위해 기도에 더욱 전념했습니다.

30년여 년이 지난 오늘, 오류교회는 2만여 명 가까운 성도들이 예배하는 교회로 성장했습니다. 또한 교단과 교파를 뛰어넘어 "21일간 열방과 함께하는 다니엘기도회"를 드리고 있습니다. "꿈이 있는 미래"를 통해 다음 세대, 특히 우간다의 다음 세대까지 품고 그들을 섬기게 되었습니다. 이렇게 하나님이 쓰시는 오류교회는 한국 교회에 대안을 제시하며 열방과 다음 세대를 품고 가는 비전의 교회로 성장했습니다.

지난 30년을 돌이켜 보면 정말 모든 것이 꿈만 같습니다. 하나님이 교회의 방향성에 대한 지혜를 주시고 모든 필요를 채워 주셔서 예수님이 오륜교회의 머리이심을 드러내셨습니다. 또한 탁월한 프로그램이나 시스템 등 인위적인 방법이 아니라 예배를 통한 부흥으로 성령님이 복음의 권세와 능력이 얼마나 위대한지를 드러내 보이셨습니다.

오륜교회는 신도시가 세워질 때 인구 유입으로 성장한 교회가 아닙니다. 목회자가 화려한 경력이나 학력을 자랑하는 교회도 아닙니다. 교회 브랜드나 목회자의 지도력을 드러내지도 않습니다. 주야로 말씀만 붙들었을 뿐입니다. 밤새워 무릎으로 승부할 뿐이었습니다. 그래서 주님이 여러 모양으로 은혜를 부으셨습니다. 이렇게 오륜교회는 하나님의 특별한 은혜가 아니고는 설명할 수 없습니다.

그래서 지난 30년 동안 하나님이 우리 교회에 행하신 놀라운 일들과 또한 앞으로 하나님이 이루실 일들에 대한 기대와 소망을 나누고 싶었습니다. 이 책에는 하나님의 하나님 되심이 선명하게 드러나는 은혜의 여정과 저와 오륜교회의 순전한 신앙고백이 담겨 있습니다. 이렇게 꿈만 같은 은혜를 경험하게 하신 주님께 모든 영광을 돌립니다. 바라기는 앞으로도 이렇게 꿈만 같고 놀라운 하나님의 은혜가 우리 교회와 성도들의 삶과 가정에 계속되기를 소원합니다.

2020년 5월
꿈의 사람 김은호

제1장

1989
~
1994

꿈을 품고 광야에 서다

아버지는 내 믿음의 뿌리

나는 모태신앙이다. 아버지가 장로인 가정에서 3남 5녀 8남매 중 일곱 번째로 태어났다. 아버지는 30대에 예수님을 영접하고 교인이 되셨다. 교회가 없던 우리 마을에 교회를 세우시고 장로로 계시며 교회 일을 도맡아 하셨다. 새벽예배 종을 치는 일부터 교회 곳곳을 수리하고 못질까지 집안일 돌보듯 본인 손으로 직접 하셨다. 매일 새벽이면 안방에는 불이 켜지고 인기척에 깬 개가 짖어대는 소리가 한 차례 들리고는 아버지가 나가시는 발걸음 소리가 들렸다. 그리고 얼마 지나지 않아 들리는 교회의 새벽 종소리, 잠결에 듣던 그 소리가 아직 기억에 생생하다.

아버지는 추우나 더우나 또 몸이 아프셔도 하루도 거르지 않고 새벽종을 치셨다. 하지만 일이 있어 출타하시고 집에 안 계시는 날은 내가 그 일을 대신 맡았다. 장성한 형들이 외지로 나가 있다 보니 그 일은 자연스럽게 내 차지였다. 여름에는 그나마 덜 하지만 추운 겨울에 새벽종을 치는 일은 쉽지 않았다. 옷을 몇 겹 껴입어도 살로 파고드는 새벽바람이 어찌나 차던지 손에 입김을 호호 불어 가며 무거운 줄에 매달리다시피 해서 줄을 당겼다. 깜깜한 새벽하늘을 가르며 울려 퍼지는 종소리는 잠자는 영혼을 깨웠다. 줄을 잡아당기면 뎅그렁 하고 부딪치며 종소리가 사방으로 퍼졌고 은은한 여운으로 내 가슴을 적셔왔다. 이 소리가 좋아서 새벽잠을 설쳐가며 새벽종을 치는 일이 결코 귀찮거나 싫지 않았다.

어머니는 항상 기쁜 마음으로 교회를 청소하셨다. 8남매 뒤치다꺼리와 농사일만 해도 두 손이 모자랄 지경이었지만 기꺼운 마음으로 교회를 돌보셨다. 어머니는 다른 교회에서 교역자분이 우리 교회를 방문하시면 항상 정성을 다해 대접하셨다. 당시 시골 반찬이라야 푸성귀가 대부분이었지만 구할 수 있는 가장 좋은 재료로 따뜻한 밥을 지어 상을 차리셨고, 혹시 하룻밤이라도 머무르고 가시면 장롱 깊숙이 넣어 두었던 가장 좋은 이부자리로 잠자리를 마련해 드렸다.

어린 시절 나에게는 집이 곧 교회요 교회가 곧 집이었다. 우리 집에서부터 시골 교회가 시작되어 예배는 생활 그 자체였다. 어려서부터 자연스럽게 하나님을 알고 주일학교에 출석했다.

우리 집은 신앙의 전통을 고수했다. 어릴 적, 토요일이면 주일날 교회에 입고 가려고 옷은 물론이고 신발까지 빨았던 기억이 선명하다. 주일이면 가장 깨끗하고 좋은 옷으로 갈아입고 교회에 갔다. 헌금할 돈은 숯다리미로 다림질해서 준비했고, 주일날이면 과자도 사 먹지 않고 주일을 거룩하게 지켰다. 가정예배도 매일 드렸다.

믿음이 깊으신 아버지는 하나님 중심으로 모든 일을 생각하셨고 가정생활의 중심 또한 신앙이었다. 교회 일을 모든 일에 우선하셨고 우리 8남매를 온전히 예수님 안에서 키우려고 노력하셨다. 말씀으로 양육하시며 늘 우리를 위해 기도하셨다. 고백하건대, 내 믿음의 뿌리는 아버지셨다.

아버지 뜻에 순종한 신학 공부

모태신앙이라 자연스레 예수님을 믿었지만 신학 공부를 하게 된 계기는 그다지 자연스럽지 않았다. 아버지는 믿음 생활을 하시면서 아들을 목사로 하나님께 바치겠다고 서원하셨고 그래서 맏아들이 목사가 되길 바라셨다. 하지만 뜻대로 이루어지지 않자 아버지는 자식을 목사로 키우겠다고 하신 서원을 이루시려고 아들로서는 막내인 내게 신학을 공부하라고 강요하셨다.

목사가 되기로 마음먹은 이유는 불타는 사명감 때문도, 극적인 신앙 체험도 아니었다. 물론 청년이 되기까지 20년이라는 세월 동안 알게 모르게 신앙이 차곡차곡 쌓였기에

_____ 신학교 졸업식

가능했겠지만, 신학을 공부하기로 결정한 가장 주된 이유
는 아버지 뜻을 거스를 수 없었기 때문이다. 그 밑바닥에는
아버지가 하나님 앞에 서원하신 일을 집안의 아들로서 막
내인 내가 따르지 않으면 안 된다는 의무감과 책임감이 있
었다.

　이렇게 뜨뜻미지근하게 시작했지만, 신학을 공부하는 과
정에서 도전을 받고 하나님을 새롭게 만났다. 하나님은 나

의 정신을, 가슴을, 육체를 성령의 불로 뜨겁게 뜨겁게 태우시고 담금질하셨다. 시간이 지나 생각해 보니 목사의 길은 하나님의 뜻이요, 섭리였다. 나를 부르시는 하나님의 소명이 분명했다.

신학 공부를 시작하자 아버지는 무척 자랑스러워하셨다. 드디어 우리 집안에서 목사가 나와서 당신이 하나님께 서원한 일을 이루게 되었다며 기뻐하셨다. 믿음 생활을 시작하면서 우리 형제들에게 늘 기도하는 모습을 보이셨지만, 나를 위해서는 매일 3시간씩 기도하셨다. 오늘 나를 만든 힘은 아버지가 드린 기도에서 나왔다.

이 무렵 서울 송파구 풍납동에 있는 한 교회에서 전도사 생활을 시작했다. 그리고 2년 후 성북구 종암동에 있는 교회로 옮겨 4년 넘게 시무했고, 봉천동교회에서도 부교역자 생활을 잠시 했다. 그 기간은 모두 합해 7년 정도이다. 부교역자로 사역하며 앞으로 세울 교회를 꿈꾸곤 했다. 하나님의 기름부음을 받은 교회, 하나님의 복음을 땅 끝까지 전하는 교회, 하나님이 보시기에 아름다운 교회⋯, 이런저런 생각을 하다가 그 꿈이 바울이 세운 안디옥교회로 귀결됐다.

1987년 가을 준목(지금의 강도사)이 되면서 개척교회를 시작해야 한다는 생각은 더욱 간절해졌다. 올림픽이 열리던 1988년 가을에 봉천동에서 봉사하던 교회에서 사임했다. 개척을 시작하기에 앞서 하나님께 깊이 기도하며 묵상하는 시간을 갖고 싶었다.

개척에 앞서 먼저 교회 이름을 정했다. 오랫동안 생각하고 꿈꿔오던 교회, 바로 안디옥교회였다. 사도행전을 보면 안디옥교회는 바울과 바나바를 선교사로 파송했고, 세계 선교의 중심이었다. 교인들이 예수님을 닮아 '그리스도인'(Christian)이라 일컬음을 받은 모범적이고 아름다운 교회였다. 세계 선교에 앞장서는 교회가 되고, 성도들이 예수님을 닮았으면 하는 바람을 담아 이름을 짓고 아내와 6개월여 기간을 기도하며 교회 개척을 준비했다.

계약한 예배당을 양보하다

결혼하면서는 풍납동에 자리를 잡고 살았다. 그래서 이 지역을 중심으로 교회를 알아보았지만, 준비한 돈이 얼마 되지 않아 교회를 시작할 자리를 구하기가 쉽지 않았다. 한번은 명일동 강동아파트 부근으로 교회를 알아봤다. 그곳은 지은 지 오래되어, 아파트 상가가 지하와 지상 2층으로 제법 규모가 컸고 마침 이 상가에는 교회가 없었다. 게다가 임대료 또한 저렴했다. 땅 주인과 건물 주인이 달라 계속 법적으로 분쟁을 해서 임대료가 다른 곳에 비해 훨씬 싼 편이었다. 다른 사람에게는 임대차 계약을 할 수 없는 최악의 조건이었지만 수중에 가진 돈이 없던 내게는 딱 맞는 조건

이어서 오히려 감사할 따름이었다.

고심 끝에 부동산 소개소를 통해 2층 40평 홀에 대한 임대차 계약을 체결했다. 그런데 계약하고 나서 며칠 후에 부동산 소개소에서 전화를 받았다. 그사이에 또 한 분이 교회를 개척하겠다고 지하상가를 계약하려 하는데, 그전에 나를 만나고 싶다고 했다. 졸지에 한 상가에 교회가 2개나 생기게 되었다.

부동산 소개소에서 그분을 만났는데, 전도사로 개척교회를 준비하고 있었다. 둘 다 교회를 처음 개척하는 상황에서 한 상가에 두 곳의 교회가 동시에 문을 여는 상황은 피해야 했다. 그분은 내게 포기해 달라고 요청했다. 당시 목사 안수를 받기 직전이었기에, 2층에 목사가 시무하는 교회가 있으면 누가 전도사가 시무하는 지하 교회로 오겠느냐는 논리를 펴며 양보를 요구했다. 또 자기는 기도 가운데 환상으로 하나님이 이 건물을 보여 주셨기 때문에 자신이 세울 교회가 이곳에 들어오는 게 하나님의 뜻이라고 주장했다. 이에 나도 이곳의 임대료가 가진 돈과 딱 들어맞기 때문에 이 또한 하나님의 뜻이라고 말했다. 그리고 먼저 이 상가에 교회를 세우겠다고 계약했으니 내게 우선권이 있는 게 아니냐고 대꾸했다. 서로 자기 주장만 펴다가 양측 모두 양보하지 못하고, 건물 외부에 십자가를 2개나 세우기가 곤란하니 하나만 세우기로 합의만 하고 헤어졌다.

집으로 돌아오는 발걸음이 가볍지 않았다. 책상에 앉아 성경책을 펼쳐도 글자가 눈에 들어오지 않았다. 마음이 영 편치 않았다. 그 전도사님의 입장을 무시하고 내 위주로만 생각하면 2층에 교회를 열 수도 있겠지만 내 신앙 양심상 그렇게 할 수는 없었다. 그렇다고 가진 것 없는 내가 무작정 양보할 수도 없는 노릇이었다. 봉천동교회를 그만둔 지도 서너 달이 지나서 빨리 장소를 잡아 교회를 시작해야 한다는 마음의 부담감이 높아질 무렵이었다. 그래서 서울 한강 이남에서 동쪽을 샅샅이 뒤지며 수중에 가진 돈에 맞춰 어렵사리 구한 곳이었다. 임대차 계약을 하고 하루라도 빨리 교회 문을 열어야겠다는 꿈에 부풀어 있었는데 하나님은 왜 나에게 이런 시험을 주실까 하는 생각이 머리에서 떠나지 않았다. '하나님, 대관절 저보고 어쩌란 말입니까?' 마음속으로 외쳤다. 임대차 계약을 했으니 빨리 내부 수리도 해야 하고 집기도 들여놓아야 하는데 이러지도 저러지도 못하고 진퇴양난이었다.

"예수님, 어찌하면 좋겠삽나이까?"

기도하면서 예수님께 묻고 또 물었다. 몇 날 며칠을 고심했다. 기도 가운데 예수님은 긍휼과 사랑이라는 두 단어를 답으로 주셨다. 주님은 그의 자녀에게 긍휼을 베풀라고 말씀하지 않으셨던가. 또 예수님은 목숨까지 내놓으시며 친히 사랑을 우리에게 실천하셨다.

긍휼히 여기는 마음을 갖자 그 전도사가 나보다 지금 더 힘들겠다는 생각이 들었다. 그분 말처럼 나는 곧 목사가 되지만 그는 아직 전도사가 아닌가, 나는 2층에 공간을 마련했지만 그는 지하에서 시작하려고 하지 않는가. 일반적인 시각으로는 목사가 여는 2층 교회로 더 많은 사람이 찾아올 게 뻔했다.

예수님이면 어떻게 하셨을까 하고 곰곰이 생각했다. 그러자 양보해야겠다는 마음이 생겼다. '그래 좀 더 기다리자. 하나님이 허락하시는 어딘가에 교회를 세울 곳을 마련해 두셨을 것이다'라는 마음이 들었다.

다음 날 부동산 소개소에서 그 전도사를 다시 만나 계약한 2층 교회 장소를 양보했다. 전도사는 무척 고마워했다.

그가 기뻐하는 모습을 보니 그제야 내 마음이 편했다. 마음 한구석에 남아 있던 아쉬움이 스르르 녹아내렸다.

지금 생각하면 그때 하나님이 무척 기뻐하셨던 것 같다. 결국 양보가 전화위복이 되었다. 이후 하나님은 강동구 길동에 교회를 개척하게 하시고 오늘의 오륜교회를 이루셨다. 하나님의 말씀대로 따르고 양보하면 더 큰 축복을 예비하심을 새삼 느꼈다.

안디옥교회 개척과 3무(無) 정신

다시 교회 자리를 알아보러 다녔다. 명일동 강동아파트 상가 예배당 자리를 양보해서 그런지 더는 아파트 상가 쪽으로 눈길이 가지 않았다. 그래서 강동구 길2동 347-2번지 상가에 자리를 얻었다. 이 건물 2층 40여 평을 임대해서 1989년 3월 25일 안디옥교회 창립예배를 드렸다. 평신도 이순덕과 학생 김수한(현재 서울 성지교회 담임목사로 재직), 구호진 성도, 이렇게 세 명과 함께한 작은 출발이었다. 하지만 하나님의 말씀만을 믿고 의지하며 교회를 열었다.

교회를 개척하면서 나름대로 3가지 원칙을 세우고 실천

_____1989년 3월 25일 안디옥교회 창립예배

하리라 마음먹었다.

첫째, 전임 교회에서 성도들을 데리고 나오지 않는다.

둘째, 형제, 친지들로 교회를 채우지 않는다.

셋째, 물질적으로 남에게 손을 벌리지 않는다.

그래서 전임 교회에서 교인들을 단 한 명도 데리고 나오지 않았다. 전임 교회에서 성도들을 데리고 나와 교회를 세웠다면 교인과 재정이 있는 상태에서 시작해서 한결 쉬웠겠지만 그렇게 하지 않았다. 그렇게 할 때 전임 교회에 좋은 영향을 미치지 못할 뿐만 아니라 나중에는 이들이 기득권을 주장하면서 교회가 시끄러워지고 나누어지는 등 좋지 않은 경우를 많이 보았기 때문이다.

교회를 시작하며 형제나 친지들을 부르지 않았다. 우리 가족은 형제가 8남매이다 보니 주변에 형과 누나가 많았다. 인간적이고 세상적인 관점으로 생각해 보면 형과 누나들이 동생 교회에 출석해서 자리를 채워 주고 십일조를 내면 분명 교회 운영과 재정에 보탬이 된다. 도움받으려고 마음먹었으면 초창기 교회가 정착하는 데 많은 힘이 되었을지도 모른다. 그러나 형제들에게 도움을 요청하지 않았다. 당장은 도움이 될지 모르지만, 장기적으로는 교회에 은혜가 안 된다고 생각했기 때문이다. 교회는 예수님의 보혈로 관계 맺은 사람들이 모이는 곳이 돼야지 인간의 혈연으로 관계 맺은 사람만 모여서는 안 되기 때문이다. 만약 새로 교인이 들어왔는데 목사 형제와 일가친척들이 교회 내에 진을 치면 하고 싶은 말도 잘 못 할 뿐 아니라 교인들이 교회에서 설 자리가 없어진다. 교회 규모가 크고 교인의 숫자가 많을 경우에는 그 폐해가 덜하겠지만 말이다.

개척 초창기에 재정이 많이 어려웠지만 가능하면 주위에 손 벌리지 않기로 마음먹었다. 도움 받는데 길들면 그것을 거리낌 없이 당연하게 생각하며 받고, 스스로 일어서려는 의지가 부족해지지 않을까 우려했기 때문이다. 교회가 세상에서 가난하고 힘든 사람들을 도와야지, 교회 자신이 도움받는다면 은혜로운 모습이 아닐 것 같았다.

개척교회를 시작하면서 전임 교회의 교인, 형제나 친지, 재정적 도움, 이 3가지를 배제하겠다는 3무(無) 정신으로 시작했다. 오로지 '하나님이 교회의 머리이시니 알아서 책임져 주시겠지!' 하는 생각만으로 무(無)에서 시작했다.

아내의 눈물

1989년 3월 교회를 개척할 당시 나는 32세로 갓 태어난 아들 바울이와 아내를 부양해야 하는 가장이었다. 교회 임대료를 내야 하고 생활비도 필요했지만 성도는 평신도 1명과 학생 2명뿐이었다. 평신도 이순덕 씨는 교회가 입주한 상가 1층에서 보일러 설비업을 했다. 사택을 따로 구입할 형편이 되지 않아 예배당 한 귀퉁이에 가족이 생활할 방을 만들기 위해 보일러 시공을 맡기면서 전도한 사람이다. 학생 2명은 나의 조카인 김수한과 그 친구 구호진이다. 수한이는 셋째 누나의 아들로 당시 대학 입시에 실패해서 재수 기간에 친구와 함께 우리 교회에 출석했다. 이렇다 보니 교회

_____ 아내와 함께한 가족 특송

운영비나 목사 사례비는 생각도 못할 처지였다.

아버지의 반대를 무릅쓰고 가난한 전도사였던 나와 결혼
한 아내는 개척교회 시절 어려움을 겪으면서도 불평하지
않고 나의 의견을 항상 존중하며 따라주었다. 당시 아내는
고등학교 교사로 근무했으나 월급을 받아도 아내 손에 남
는 돈이 없었다. 교회 전세금 1,200만 원을 마련하느라 동
료 교사에게 일부 돈을 빌리고 교사 자격으로 은행 대출을
받았기 때문에 대출 원금과 이자를 내면 월급날에도 남은

돈이 없었다. 보너스 타는 달이 되어야 비로소 적게나마 월급을 받았다.

그러다 보니 생활에 어려움이 많았다. 아이 분유 살 돈이 없어 애를 태우기도 했으며, 아내가 학교에 출근해야 하는데 버스 토큰이 없어 발을 동동 구른 적도 있었다. 당장 끼니를 걱정해야 할 때도 있었다.

한 번은 아이가 먹을 분유가 얼마 남지 않아 걱정하고 있었다. 내색하지는 않았지만 아내는 나보다 더 애간장을 태우고 있을 터였다. 그날 저녁, 다음 날 새벽기도회 설교를 위해 성경을 펼치고 설교를 준비하고 있는데 전화벨이 울렸다. 예전에 전도사로 있을 때 알고 지낸 사람이었다. 그는 안부를 물으며 지난주 명일동으로 이사했다면서 내일 시간이 괜찮으면 집으로 와서 예배를 드려 달라고 부탁했다. 반갑기도 하고 잊지 않고 전화한 데 감사하기도 해서 흔쾌히 그렇게 하겠다고 말씀드렸다.

다음 날 명일동 아파트에 방문해 예배를 드리고 나오는 길에 그분은 내 주머니에 슬며시 봉투 한 장을 집어넣었다. 봉투 안에는 1만 원권 한 장이 들어 있었다. 그 돈으로 분유를 샀다. 손에는 분유를 들었지만 마음에는 예수님의 사랑을 한가득 품고 집으로 향했다. 하나님이 나를 잊지 않으시고, 나와 동행하신다고 생각하니 어깨가 쫙 펴지고 자신감이 생겼다. 내딛는 발걸음이 힘차고 가벼웠다. 감사의 찬송이 절로 나왔다.

"아! 하나님이 우리 가족을 이렇게 사랑하시는구나. 감사합니다, 하나님!"

벽치기 설교와 주인 없는 교패들

경제적 어려움도 힘들지만 목사에게 교인이 없는 것은 얼마나 큰 고통인지 모른다. 개척 초기 새벽기도회 시간에는 출석하는 성도들이 아무도 없었다. 아내만을 앉혀두고 설교했다. 아내가 유일한 성도이고 청중이었다. 그런데 교회 한쪽에 방을 만들어 생활하다 보니 새벽예배를 드리는 중에 아이가 깨어나 울면 아내는 예배를 드리다 말고 우는 아이를 달래러 방으로 들어갔다. 그나마 있던 교인 한 명마저 없어져 버리는 순간이었다.

아무도 듣는 사람이 없는데 설교를 하면 참 난감하고 기운이 빠진다. 허공에다가 소리치는 게 멋쩍기도 하지만 개척교회를 시작한 내게는 서글프기도 했다. 아, 이 순간 누구 한 사람이라도 저 문을 열고 들어왔으면 하는 바람이 간절했다. 한 영혼이 그토록 절실한 적이 없었다. 설교를 계속해야 하나 말아야 하나 망설이며 소위 말하는 '벽치기 설교'를 했다. 그렇다고 설교를 멈출 수는 없었다. 그러면서 '성도도 목사를 잘 만나야 하지만 목사를 만드는 것도 성도들이구나' 하는 생각을 했다.

이런 일이 6개월 정도 반복되다 보니 '성도도 없는데 새벽에 일어나 봤자 뭐하나?' 하는 생각이 슬며시 들기 시작했다. '할 일도 별로 없는데 아침밥 먹고 기도나 하지' 하는 사탄의 음성이 들렸다. 그러면서 새벽기도회를 빼먹었다. 1주일에 2번만 하기도 하고 4번만 하기도 했다. 새벽 무렵에는 '새벽예배 대신 아침기도를 드려야지' 하고 마음먹었지만, 그런 마음가짐으로는 아침밥을 먹고 난 후에 기도가 잘 될 리 만무했다. 개척교회 목사가 새벽기도를 빠지기 시작하자 심령이 점점 메말라갔다.

개척교회 시절에는 교회 청소와 화장실 청소, 운전 등등을 모두 혼자서 했다. 전도도 빼놓을 수 없는 아주 중요한 일과였다. 매일 하루도 거르지 않고 주보와 전도지를 들고 교회 인근 가정집과 상가를 찾아다녔다.

교회 개척 후 5-6개월이 지났을 무렵 교회에서 가까운 연립을 찾아 신문을 배달하듯 전도지를 돌렸다. 그런데 현관문마다 인근 한 대형 교회 교패가 붙어 있었다. 주인을 찾지 못해 교회에 쌓여 있는 교패가 생각났다. 교회를 개척하며 교패 300개를 주문했지만 우리교회 교패를 붙일 가정이 없었다. 그 자리에 서 있는데 눈물이 났다.

'하나님, 나를 목사로 세우시고 교회까지 개척하게 하셨는데 교인이 없어서 이게 뭡니까!'

그간 겪은 어려운 일들이 주마등처럼 스쳐 가며 지금의 내 모습이 한없이 원망스러웠다. 흐르는 눈물을 주체할 수가 없었다. 영혼을 사랑해서 흘리는 눈물이 아니라 하나님께 내 처지를 한탄하며 흘리는 하소연의 눈물이었다.

07

하나님의 일을 하면서
사람에게 구걸하지 말자

성도가 전혀 없는 데 교회를 개척했다. 전임교회에서 교인을 데리고 나오지 않았고 형제나 친지들을 불러 모아 교회를 시작하지도 않았다. 온전히 주님만을 의지하면 성도 수십, 수백 명을 대신해서 주님이 내 강력한 후원자가 되시리라 믿었기 때문이다.

안디옥교회는 개척과 함께 대한예수교 장로회 경기노회에 소속되었다. 당시 경기노회에는 지원금을 신청하는 개척교회에 매달 5만 원씩을 주는 제도가 있었다. 개척 초기에는 재정이 너무 어려워 지원금을 신청할까 망설이기도 했으나 끝까지 신청하지 않고 버텼다. 도움을 받기 시작하면 거기에 길들어 거지 근성을 갖기가 쉽다. 나태해지거나 현실에 안주하지 않으려고 눈물로 기도하며 하루하루를 하나님께 올려드렸다.

그렇다고 아무 도움도 받지 않은 건 아니다. 교회를 개척할 시기에 재정 도움을 두 곳에서 받았다. 당시 임대한 상가는 40평 규모로 보증금 1,200만 원에 월세가 20만 원이었다. 교회를 개척한다는 소문을 듣고 전도사로 시무했던 종암동교회에서 한 형제가 20만 원을 헌금했다. 여러 곳에 옷가게를 차려 의류 사업을 하던 친구였는데 믿음이 좋고 신실했다. 이 돈으로 경기도 하남에서 중고 합판을 사다가 40평 공간에 칸막이를 쳐 예배실과 방, 서재 등을 직접 만들었다.

또 신학교 동창 정 목사가 강서구 한 교회에서 대학부 담당 교역자를 했는데, 교회 대학부에서 한 달에 2만 원씩 1년 반 동안 보조해 주었다. 이 두 곳에서 재정 도움을 받기는 했지만 가능하면 우리 교회도 자립해야 한다고 늘 생각했다.

처음 교회를 개척할 때부터 사람에게 도움 받지 않고 하나님만 의지하며 아름다운 교회를 세워 보리라 마음먹었다. 다른 교회에서 성도들을 모집하지 않았고 집안 형제들의 도움도 거절했다. 재정 도움도 가능하면 사양했다. 그래서 시작은 어려웠지만 결과적으로는 '교회의 주인이 예수님'이심을 더욱 절실히 깨달았다.

08

5,000원만 빌려주세요

종암동 한 교회에서 전도사로 있을 때 청년부에 출석하던 아내를 만났다. 2년여간 교제하다 결혼했지만 결혼생활은 순탄하지 않았다. 불신 가정에서 홀로 교회에 나오던 아내가 전도사와 결혼하겠다고 하자 장인과 장모가 극심히 반대했다. 수학 교사를 하던 장인은 딸이 대학교를 졸업하고 교편생활을 한 지 얼마 되지 않아 가난한 신학생과 결혼하겠다고 하자 심하게 반대하셨다. 사례비로 20만 원 받는 전도사와 결혼한다고 하면 딸 가진 부모로서, 하나님을 모르는 장인 입장에서는 어쩌면 반대하는 게 당연한 일인 지도 모른다.

아내는 2년을 꼬박 눈물로 지새우며 나를 한 번만 만나 달라고 아버지께 간청했다. 하지만 장인어른은 결코 나를 만나지 않겠다고 하셨다. 나중에는 할 수 없이 집으로 찾아갔지만 그때도 여전히 반대하셨다. 그런 반대에도 단돈 100만 원을 가지고 아내와 결혼했고, 얼마 지나지 않아 부교역자로 있던 교회에서 사임하고 나와 안디옥교회를 개척했다.

지금은 장인, 장모 모두 우리 교회에 열심히 출석하고 안수집사와 권사 직분을 맡아 봉사하신다. 그러나 결혼 전까지만 해도 빈털터리 목사 사위가 딸을 고생시킬 거라고 무척 노여워하셨다. 하지만 처가에서는 아내가 예수님을 믿어서 작은집 식구 등 일가친척 많은 사람이 예수님께 돌아왔다.

나는 교회 사정과 목사들의 생활을 가까이서 보며 성장했기에 교회 개척이 얼마나 어려운지 잘 알고 있었다. 하지만 아내는 대학교 2학년 때 친구 따라 성경 공부 모임에 갔다가 교회에 다니기 시작했다. 사모의 역할을 구체적으로 알지 못했을 뿐 아니라 그 길이 얼마나 힘든지도 몰랐다. 교회를 개척해서 세우는 일에 많은 눈물과 기도가 필요한

지 알 리 없었다.

아내는 결혼하고 교편 생활을 계속했다. 전도사 사례비만으로는 생활이 빠듯하기도 했지만 우리 부부는 결혼 후 교회 개척을 뜻으로 정하고 기도하고 있었다. 교회를 세우려면 건물 임대료라도 모아야 했기 때문에 아내는 첫째를 임신하고 출산했을 때도 교직을 그만둘 수가 없었다.

개척교회를 시작하고 나서 아내는 더 심하게 고생했다. 결혼해서 살던 집 보증금을 빼서 교회를 얻는 데 써서 교회 한쪽에 만든 방에서 세 식구가 살았다. 오래된 건물인데 살림집도 아니어서 불편했을 뿐만 아니라 중고 합판으로 짓다 보니 시멘트가 묻어 그 냄새 때문에 눈이 따가워 한동안 애를 먹었다.

이렇게 경제적 어려움도 컸지만 성도들이 없어 텅 빈 예배당을 보기도 사모로서 가슴 아프고 힘들었을 것이다. 내색은 안 했지만 어렵고 힘든 고비고비마다 눈물로 기도하며 한숨으로 달래던 마음을 어찌 짐작하지 못하겠는가. 그런 가운데서도 불평하지 않고 내 말을 항상 존중하며 따라준 아내에게 고맙고, 또 미안할 따름이었다.

아내는 개척교회를 시작할 때부터 주일 낮예배에 참석한 성도들에게 예배가 끝난 후 국수를 끓여 대접했다. 그런데 국수를 살 돈이 없어 토요일이면 학교 옆자리에 근무하는 선생님에게 5,000원을 빌렸다. 빌린 돈으로 퇴근길에 국수와 호박을 사 와 다음날 국수를 끓였다. 그리고 주일날 성도들이 헌금을 드리면 월요일에 그 돈을 갚았다.

결혼 전부터 알았지만, 아내는 돈 빌리기를 제일 싫어한다. 없으면 쓰지를 말지 남에게 빌려 달라는 말은 입 밖에도 내지 않는 사람이었다. 하지만 사모가 되고 나서 주일 성도들에게 국수를 끓여 주려고 어쩔 수 없이 자존심을 버리고 돈을 빌렸다.

그때 매주 끓여 먹던 국수가 질렸는지 아니면 내키지 않지만 국수를 사기 위해 창피함을 무릅쓰고 동료 선생님에게 돈을 빌리던 아픈 기억이 남았는지 아내는 지금도 국수를 잘 먹지 않는다.

09

길을 열어 주소서

교회를 개척할 때는 위치가 중요하다. 어느 정도 규모가 되고 담임목사가 많이 알려진 사람인 경우에는 그 중요성이 덜 할 수도 있지만, 일반적으로는 대단위 아파트 단지와 근접하고 교통이 편리한 곳이 좋다. 그런데 처음 교회를 개척한 길동 안디옥교회는 사거리 대로변에 있었다. 주위에 아파트 단지가 없을 뿐만 아니라, 언뜻 교통이 편리해 보이지만 사람들이 머무는 곳이 아니라 차를 타고 그저 지나갔다.

교회를 개척할 당시에는 아파트 단지에서 목회하고 싶지 않았다. 명일동 강동아파트 상가 예배당을 양보한 이후에 그 생각을 더욱 굳혔다. 아파트 상가를 얻기에 돈이 부족하기도 했지만, 그것보다도 그들은 이미 많이 가진 사람들이라는 생각이 컸다. 부족하고 힘들게 사는 사람들을 찾아가서 하나님의 말씀을 전하고 싶었다.

1989년 3월에 교회 문을 열었지만 인근에 대규모 아파트 단지가 없어서 전도해서 우리 교회로 나오게 하기가 쉽지 않았다. 그래서 8월부터는 매일 밤 10시에 전교인 특별 합심기도회를 열었다. 교인들이 정한 전도 대상자들을 위해 기도하고 성가대원 등 교회 일꾼들을 보내 달라고 하나님께 매달렸다. 또 교회 성장을 위해 합심으로 기도했다. 12월까지 계속 기도회를 하며 중, 고등부를 포함해서 성도 수가 40명 정도로 늘어났다. 그리고 개척 이듬해인 1990년에는 적은 숫자이긴 하지만 호산나 성가대를 만들고 남선교회와 여선교회, 청년대학부를 조직해서 첫 예배를 드렸다.

그사이 1989년 10월 10일 목사 임직을 받았다. 늘 기도해 주시던 아버지는 목사 안수를 받기 전날 저녁 나를 불러 말씀하셨다.

"목사는 하나님의 기름부음을 받은 사람이다. 그 자리는 대접받는 자리가 아니라 베풀고 봉사하는 자리다. 예수님이 십자가에 못 박히심으로 많은 사람을 구원하셨듯이 너도 자신을 낮추고 희생해서 세상 사람들을 구원하는 데 힘써라."

그날 아버지가 하신 말씀은 평생 기억 속에 남아 목회의 나침반이 되었다. 힘들 때는 '그래 이 자리는 원래 베풀고 봉사하는 자리야'라고 생각하며 위안을 받았고, 교만한 마음이 들 때는 '목사는 대접받는 자리가 아니다'라고 말씀하셨던 아버지 말씀이 꾸짖음이 되어 나를 돌아보게 했다.

성도 수가 늘어나자 그동안 늘 마음속에 품던 성경 공부를 시작했다. 매주 화요일 오전 10시 30분과 그때 시간이 되지 않는 사람들을 위해 밤 8시에 한 차례 더 성경 공부를 열었다. 하지만 성도들 대부분이 장사하고 직장에 다니느라 생활에 여유가 없는 상태에서 교회 위치마저 주택가와 떨어져 있다 보니 참석할 수 있는 성도들이 별로 없었다.

성경 공부도 하고 싶고 제자훈련도 하고 싶은데 도무지 할 수가 없었다. 설교는 일방적인 선포이기 때문에 성도들의 삶의 변화를 확인하기가 어렵고 변화 과정을 나눌 수가 없다. 하지만 성경 공부나 제자훈련은 공부하는 과정에서 서로 질문할 수도 있고 삶에 실질적인 이야기를 나누며 소통할 수 있어 신앙을 올바로 세우고 키우는 데 좋은 길잡이가 된다. 그런데 성경 공부를 할 상황이 되지 않았다.

개척하면서 가진 생각에 회의가 들었다. 아파트 단지를 굳이 피해야 할 이유가 있는가? 물질적으로 많이 갖춘 듯이 보이는 사람도 심령은 갈급할 수 있다. 물고기를 잡으려면 물고기가 있는 바다로 가야 하듯이 사람을 낚는 어부가 되려면 사람들이 모여 사는 곳으로 가야 옳다는 생각이 들었다.

기도를 시작했다.

"하나님 이제 제가 아파트촌으로 들어가겠습니다. 길을 열어 주십시오. 제자훈련도, 성경 공부도 하고 싶은데 할 수 없는 상황입니다. 성도들과 더불어 하나님의 말씀을 사모할 수 있는 길을 열어 주십시오."

전교인이 합심해서 교회 이전을 위해 기도했다. 1990년 7월에는 한얼산기도원에서 전교인 수련회로 모여 교회 이전을 위해 매일 밤 기도드렸다. 그러면서 교회 이전에 적합한 곳을 직접 찾아가 기도드리기도 했다. 당시 건설 중이던

광장동 현대아파트 건설 현장을 여러 번 찾아가 인근 유치원에 들어가서 기도하고 나오기도 했으며, 강동세무서 부근 아파트 상가를 찾아가 기도하기도 했다. 길을 열어 주시리라 믿고 기도하며 하나님의 응답하심을 기다렸다.

10

오륜교회로의 이전과
하나님의 섭리하심

교회 이전을 위해 열심히 기도하다가 하루는 한 기독교 신
문을 펼치니 올림픽아파트 상가에 있는 오륜교회가 매물로
나왔다는 광고가 눈에 들어왔다. 1년 전 같은 신문에서 교
회가 들어오면 집값이 떨어진다는 주민들의 반대에 부딪혀
오륜교회가 예배를 드리지 못하고 있다는 기사를 읽은 기
억이 났다. 물론 이 문제는 이후에 원만히 해결되었다. 아파
트 단지로 교회 이전을 위해 기도하고 있던 터라 그 광고가
유독 눈에 들어왔다. 안디옥교회가 위치한 길동과 올림픽
아파트가 있는 오륜동은 각각 강동구와 송파구에 속해 있
다. 강동구와 송파구는 한강 이남의 동쪽에 서로 인접한 구

(圖)로, 가까운 편이어서 교회를 옮기기에 무리가 없을 것 같았다. 나 역시 이 지역을 중심으로 교회를 알아보고 있었고 대단위 아파트를 낀 상가여서 기도하며 바라던 교회라는 생각이 들었다.

곧바로 오류교회에 전화를 걸고 담임목사를 찾아갔다.

"현재로서는 돈이 부족하지만 제가 이 교회로 꼭 들어오겠습니다. 곧 계약금을 구해서 다시 연락드리겠습니다."

오류교회로 들어오고 싶다는 뜻을 강력하고도 분명히 밝혔다. 일단 구두로 계약을 한 셈이었다. 그 후 어렵게 계약금을 마련해서 다시 연락했다. 목사는 "교인들한테 이야기해야 하니 기다려 달라"라고 말했다. 그 이후에도 계속 전화했으나 "조금만 기다리라"라는 답변만 들었다. 신문에 광고가 나가면서 여러 교회에서 관심을 가지는 모양이었다. 더 좋은 조건을 제시하는 사람을 찾는 것 같았다.

기다리다가 천호동에 있는 한 교회와 계약했다는 소문이 들렸다. 그런데 그 교회는 전도사가 개척한 교회라 오류교회 목사가 담임목사로 있고 두 교회를 합하는 조건으로 계약한다고 했다. 그런데도 전화를 하면 "조금만 기다려 달라"라는 답변만 계속했다.

하나님께 매달릴 수밖에 없었다. 우리에게는 더 좋은 조건을 제시할 어떤 것도 없었다. 전 교인이 합심으로 금식기도를 했다. 군대 300명으로 미디안 군대 13만 5,000명을 물리친 기드온의 하나님, 칼 한 번 휘두르지 않고 여리고 성을 정복한 여호수아의 하나님, 나이가 많아 아이를 낳을 수 없는 사라에게 아들 이삭을 주신 하나님께 간구했다.

"예수께서 이르시되 할 수 있거든이 무슨 말이냐 믿는 자에게는 능히 하지 못할 일이 없느니라 하시니"(막 9:23).

능력 주시는 하나님을 믿고 순종하며 나아간 바울의 믿음으로, 믿는 사람에게 능치 못할 일이 없다고 하신 예수님의 말씀을 의지하며 하나님께 부르짖었다. 우리 힘으로는 도저히 이룰 수 없는 문제라도 하나님이 함께하시면 반드시 해결된다는 믿음을 가지고 기도했다.

얼마 지나지 않아 오류교회 계약이 깨졌다는 소문이 들려왔다. 천호동 교회 성도들이 애매한 계약 조건 때문에 본

교회로 돌아가 버렸다. 오류교회를 우리에게 허락하시려고 섭리하시는 하나님의 크나큰 은혜에 감사했다.

마침내 오류교회에서 계약하자는 연락이 왔다. 처음 이야기했던 대로 올림픽아파트 G상가 203호를 보증금 5,000만 원, 월세 50만 원에 계약했다. 계약 면적은 33평이었지만 실평수는 18평 정도인 자그마한 공간이었다. 교회 명칭은 이 지역이 오류동이고, 평소 교회를 개척하면서 품은 세계 선교를 향한 비전과 전 세계인이 참여하는 올림픽을 상징하는 오륜(다섯 개의 원)의 연관성을 생각해서 안디옥교회로 하지 않고 오류교회로 결정했다.

오류교회로 옮기기 전 신학교 동기 목사들에게 장소를 보여 주고 기도도 부탁할 겸 해서 5-6명이 함께 오류교회를 찾았다. 그런데 친구 목사들은 한결같이 교회 자리로 부적합하다고 이야기했다. 오류교회가 있는 G상가가 전체 아파트 단지에서 외곽 한 귀퉁이에 있을 뿐만 아니라 가운데 큰 도로가 나 있어 아파트 5개 동 주민들만 찾아올 수 있다며 반대했다. 하지만 왠지 마음이 끌렸다. 물론 더는 선택의 여지가 없기도 했지만, 하나님이 보살펴 주시리라는 믿음과 함께 잘할 수 있을 거라는 생각도 들었다.

_____ 올림픽아파트 상가 시절 오륜교회, G상가 203호

안디옥교회를 창립한 지 1년 7개월 만인 1990년 10월 31일 오륜교회로의 이전을 마치고, 11월 첫째 주일인 4일부터 하나님이 주신 새로운 장소에서 주일예배를 드렸다.

11

새벽기도와 성경 공부에 내려 주신 축복

오륜교회에서 첫 주일예배는 11월 4일에 드렸지만 새벽 기도회는 11월 1일부터 시작했다. 교회 이전을 마친 11월 의 첫날, 새벽기도회를 인도하기 위해 설레는 마음으로 아 내와 함께 풍납동 집을 나섰다. 봉고차를 몰고 교회로 가는 길이 그렇게 기쁨이 충만할 수가 없었다. 예배 시간보다 일 찍 교회에 도착해서 오륜교회를 허락하신 하나님 앞에 먼 저 감사 기도를 드렸다.

예배 인도를 위해 강대상 앞에 섰다. 작은 예배당 안에 스무 명 남짓한 사람들이 채우고 있었다. 의외였다. 이전 오 륜교회에서 인계받은 교인이 단 한 명에 불과했던 터라 이 정도 숫자가 모이리라고는 미처 생각하지 못했다. 정확하게 세어 보니 21명이었다. 안디옥교회에서의 텅 빈 새벽예배당을 떠올리며 벅찬 가슴으로 새벽기도회를 인도했다. 설교를 들어줄 사람들이 있다는 사실에 무척이나 신이 났다. 그토록 원하던 새벽기도회를 할 수 있다니…. 너무나 가슴 뿌듯하고 감사했다.

그날부터 새벽기도회 준비에 온 힘을 기울였다. 철저히 원고를 쓰며 설교를 준비했다. 새로 옮긴 교회를 꾸려가기에도 바쁜 일과였지만 힘든 줄도 모르고 매일 몇 시간씩 책상 앞에 앉아 다음 날 새벽 설교를 준비했다.

새벽기도회에 참석하는 사람들은 점점 늘어갔다. 물론 새벽기도회에 참석하는 사람들이 모두 우리 교회 교인들은 아니었다. 주일 낮예배는 본교회에 참석하고 새벽예배에만 집에서 가까운 우리 교회로 참석하는 아파트 주민이 많았다. 새로 온 젊은 목사가 새벽기도회를 성실하게 잘 인도한다고 소문이 퍼졌다.

사람들이 모이자 성경 공부를 시작할 수 있게 되었다. 11월 셋째 주일인 18일 네비게이토 성경 공부반을 평일 오전

_____ 오류교회 창립 2주년 기념 전도 대성회

에 연다고 주보에 광고했다. 이와 함께 아파트 주민들을 전
도할 목적으로 성경 공부를 시작한다고 광고 전단을 신문
에 끼워 아파트 단지에 배포했다. 오류교회로 이전한 지
한 달이 채 되지 않은 때라 성경 공부 역시 대부분 인근에
거주하는 타 교회 성도들이 참석했다. 그분들에게는 일절
우리 교회로 옮기라고 말하지 않았다. 이분들이 우리 교회
로 옮기지는 않았다. 하지만 이웃들에게 오류교회에 대해
좋은 소문을 퍼트려 주어 새신자가 많이 늘었다.

　새벽기도회와 성경 공부에서 시작한 부흥의 불길로 교회

를 이전한 이듬해인 1991년에 45명, 1992년에 75명, 1993년에 97명이 오류교회에 새가족으로 등록했다. 하나님의 축복이었다.

아파트 단지에서 시작한 개척교회의 성패는 새벽기도와 성경 공부에 달려 있다고 생각한다. 새벽기도와 성경 공부는 본 교회 교인이 참석하기도 하지만 다니는 교회가 먼 타 교회 교인들도 많이 참석하기 때문이다. 아파트 단지에서는 교회와 목사에 대한 평가가 이들을 통해 쉽게 퍼진다. 그때부터 습관이 되어 지금도 매일 1시간 반 혹은 2시간 가량을 새벽기도회 설교 준비에 할애한다. 물론 원고를 철저히 써서 준비한다.

이밖에도 새벽기도회는 나에게 여러 가지 은혜와 감사의 장이 되었다. 하루는 새벽기도회를 마치고 집에 들어오니 전화가 걸려왔다. 할렐루야교회에 나가시는 조민진 집사(현재 할렐루야교회 권사)였다. 조 집사는 올림픽아파트에 이사 온 후 인근 야산에 운동하러 가다가 상가에 있는 우리 교회 십자가를 보고 새벽예배에 나오기 시작했다. 오류교회 성경 공부와 새벽예배에서 큰 은혜를 받고 인생에 위로와 용기를 얻었다고 말했다.

조 집사는 새벽기도회 때 목사님 얼굴에 근심이 있다며 무엇 때문인지 이야기해 달라고 말했다. 없다고, 괜찮다고 극구 부인하고 사양했지만 워낙 간곡히 이야기하는 바람에 재정 문제를 털어놓았다. 당시 오류교회로 이전하며 은행에 3,000만 원이나 빚이 있었다. 길동 안디옥교회에서는 40평 상가를 합판으로 구획해서 예배실 한 귀퉁이에 사택을 만들었지만 올림픽 상가는 실평수가 18평 정도에 불과해 가정집을 들일 수 없었다. 그래서 오류교회로 이전하면서 장인의 허락을 받아 처갓집을 담보로 농협에서 3,000만 원을 빌려 풍납동에 가정집을 전세로 얻었다. 조 집사는 본인이 그 문제를 해결하겠다며 다음날 새벽기도회 때 대출 통장을 가져다 달라고 했다.

보증금 1,200만 원인 안디옥교회에서 1년여 만에 보증금 5,000만 원인 오류교회로 옮길 수 있도록 축복하신 하나님은 이번에는 생활할 집까지 마련해 주시며 어려운 재정 문제를 해결해 주셨다. 생각하지도, 상상하지도 못했던 방법을 통해 미리 준비해 주시고 앞길을 열어 주시는 하나님 앞에 다시 한번 감사 기도를 드렸다.

12

잊을 수 없는 지하 예배실

오륜교회로 이전한 다음 해인 1991년, 11시 주일 낮예배에 참석할 수 없는 성도들을 위해 오전 8시에 한 차례 더 주일 낮예배를 드렸다. 하지만 교인들의 숫자가 증가하면서 1993년부터는 주일 낮예배를 10시와 11시 30분으로 나누어 드렸다.

5월에는 교회 옆 202호(33평), 피아노학원을 매입했다. 당시 피아노학원 원장은 "목사님, 내가 이렇게 잘 되는 학원을 왜 팔아야 하는지 모르겠어요"라고 하면서도 권리금을 한 푼도 받지 않고 202호를 오륜교회에 넘겨주었다. 성도들이 교회 공간 확보를 위해 열심히 기도한 덕분이기도 했지만 참으로 감사했다.

오류교회로 이전하면서 2층 예배당이 협소해 유치부와 초등부 학생들이 주일날 오전에 한꺼번에 예배드릴 공간이 부족했다. 그래서 지하실을 생각했다. 지하실에는 건축할 때 대피소로 만든 공간이 있었다. 우리는 빈 지하실에 난방 파이프를 설치하고 장판을 깔아 주일학교와 식당 그리고 철야기도회 장소 등으로 사용했다.

그런데 지하실이다 보니 상가에서 물을 사용해서 어느 정도 차오르면 전기 펌프로 물을 퍼내야 했다. 전기 펌프가 고장이라도 나는 날이면 지하실이 물로 뒤덮였다. 그래서 몇 번이나 장판을 내다 말리며 곤욕을 치렀다. 또 장마철에 비가 많이 오면 지하실에 물이 차지 않을까 늘 노심초사했다. 또 지하실이어서 쥐가 참 많았다. 어린이들이 예배하는 공간이고 식당으로 사용하다 보니 수시로 쥐 잡는 끈끈이와 쥐덫을 놓아 구제 작업을 벌였다.

이 지하실은 꽤나 넓어 예배 공간이 부족했던 시기에 매우 유용했다. 항상 제습기를 틀었고 지하실 냄새가 배어 있었지만 지금도 생각해 보면 참 은혜롭고 사랑이 샘솟는 곳이었다.

이후 주일학교도 크게 부흥해서 1994년에는 이곳만으로 는 부족해서 아파트 3단지 노인정을 주일에만 임대해서 교 육관으로 사용하기도 했다.

성도들이 늘어나면서 사모가 할 일이 많아지자 아내는 8 년간 근무해 온 교직을 그만두었다. 아내가 학교를 사직하 면서 처음으로 교회에서 목사로서 사례비를 받았다. 개척 초기에는 사례비를 받을 교회 재정이 없었고, 오류교회로 옮긴 이후에는 늘어나는 교인들을 수용하기 위해 예배당을 확장하느라 재정에 여유가 없었다. 적게나마 사례비를 받 을 정도로 교회 재정이 늘어나면서 아내도 사모의 역할에 더 충실할 수 있었다.

교인 수가 늘어나면서 1994년 3월 27일에 교회 개척 이 후 처음으로 집사 안수식과 권사 취임식을 했다. 김명린, 송 병화, 송재호, 유홍덕, 이남술, 임학병 6명이 집사 안수를 받 았으며, 김데루자, 이말모, 최영생 3명이 권사로 취임했다.

13

한계에 봉착하다

그런데 교회는 성장했지만 나에게 문제가 생겼다. 몸과 마음이 지치고 곤고해서 주님 앞으로 한 발자국도 나아갈 수가 없었다. 나름대로 이 책 저 책을 찾아보며 열심히 설교 준비를 했지만 신학적 지식과 차가운 머리를 가지고 성령님의 역사 없이 사역을 해서 마음이 공허했다.

한두 번은 내 안에 감동이 없는데 있는 것처럼, 기쁨이 없는데 있는 것처럼, 마음속에 평안이 없는데 있는 것처럼 설교하고 성도를 대하는 것이 가능할지 몰라도 연기자도 아닌데 더 이상 위선을 떨며 있을 수는 없었다. 사역이 고통스러운 일로 느껴졌다.

당시는 교인이 200명 정도 되던 때라 신학교 동기들은 나를 두고 성공했다고 이야기했다. 하지만 주님 앞에서 바로 설 수 없는 상황에서 그런 평판은 아무 소용이 없었다. 교회가 커지고 성도가 많아졌지만 '이게 다 무슨 소용인가?' 하는 생각이 들었다. 마음이 이렇게 공허한데 평생을 이런 심령으로 목회한다면 얼마나 괴로울까 생각했다. 이렇게 목회하다가 머지않아 내려놓아야 하는 것 아닌가 하는 생각까지 들었다. 하나님께 부르짖으며 펑펑 울고 싶었지만, 눈물조차 말라 버린 힘든 시간이 계속됐다.

제2장

1994
~
1998

찬양과 설교를 두 축으로

예배 갱신을 하다

미국에서 새로운 예배를 체험하다

1994년 여름, 우리 교회 집사님 한 분이 내게 미국에 다녀오라고 권하셨다. 교회 부흥과 함께 찾아온 영적 공허함과 곤고함으로 몸과 마음이 지쳐 고통스러웠다. 교회 개척 후 5년이라는 세월 동안 잠시도 쉬지 않고 달음질한 자신을 뒤돌아보자 몸과 마음에 안식이 필요하다는 생각이 들었다. 머리를 식히고 싶기도 했고 미국에 여러 교회를 돌아보면 목회에 도움도 될 것 같았다. 자신을 추스르며 향후 계획도 좀 생각해 보고 싶었다. 그러기 위해서 미국으로 여행을 다녀와도 괜찮을 듯 싶었다.

마침 잘 아는 목사에게서 연락을 받았다. 다른 목사들과 함께 미국 교회를 돌아보는 프로그램이 있는데 참석하지 않겠냐고 물어보아서 8월 3일부터 11일까지 9일간 그 일정에 참여하기로 했다.

18세기 아메리카 대륙에서는 기독교 신앙을 의심하고, 이를 본격적으로 비판하기 시작했다. 계몽주의 등으로 시대 상황과 사람들의 생각이 급변했기 때문이다. 이때 조나단 에드워즈와 조지 횟필드는 오히려 이 위기가 하나님이 부흥을 주실 시작점임을 확신하며 말씀과 기도로 정면 돌파했다. 그래서 뜨거운 회심의 물결을 이룬 '대각성 운동'(Great Awakening)으로 교단과 교파의 벽을 뛰어넘어 미국에 전례 없는 영적 회복과 뜨거운 부흥이 임했다. 이처럼 감동과 감격이 살아 있는 예배를 경험하고 싶었다. 그래서 1994년 8월 미국행 비행기에 몸을 실었다.

개척 후에는 그저 만나는 사람마다 복음을 전하고, 텅 빈 예배당으로 돌아와서는 고요함 속에 오직 무릎으로 나아갔다. 이때는 개척교회 목회자로서 사람이 없어서 힘든 게 아니라 내가 먼저 하나님 앞에서 신령과 진정으로 온전한 예배를 드리고자 몸부림치던 시기였다. 그렇기에 예배를 뜨겁게 갈망하며, 심령이 가난한 자가 되어 이번 여정에서 앞서 행하시는 하나님을 따라가며 순종하기를 비행기 안에서 기도했다.

캘리포니아 지역에 여러 교회를 방문했다. 보수 교단에서만 신앙 생활을 하다가 미국에서 여러 예배 형태를 접하고 큰 충격을 받았다. 성례를 중시하는 정통 교회든, 열린 예배를 지향하든 현대 교회든 은혜를 표현하는 데는 모두 거침이 없었다. 하나님을 예배하고 찬양하는 진리에 대한 본질은 지키면서 진리를 담아내는 비본질인 형식은 모두 각자 개성대로 자유롭게 행했다.

분명 자유롭고, 뜨거우면서도 경건함을 잃지 않은 아니 더욱 하나님 안에서 자유를 누리는 묘한 전율이 일었다. 형식이 아니라 본질이 중요함을 깨닫자 예배에 대한 내 고정관념과 생각이 무너지며 가슴 속에서 새로운 환희가 요동쳤다. 하나님은 중심의 진실함을 보시며, 주님의 영광을 선포하는 예배라면 어떤 예배든지 기뻐 받으심을 깨닫고 주체할 수 없이 눈물이 쏟아졌다.

이후 1995년 1월, 한 번 더 미국을 방문했고, 복음 선교 단체인 '예수전도단'에서 주최하는 '하와이 DTS'를 수료하며 은혜의 여정을 계속 이어갔다. 특히 하와이 DTS에서 예배 갱신을 확신했다. 열린 예배란 교회의 성공을 위해 신비주의나 번영신학으로 교묘하게 포장하는 것이 아니다. 오직 성령의 임재를 사모하며 말씀과 기도와 찬양의 본질에 집중하면서도 형식은 자유롭게 가져가는 예배이다. 이런 예배를 사모하게 되었다.

또한 목회자 중심이 아니라 모든 성도가 함께 참여하며 구원받은 성도의 축제가 되는 예배를 꿈꿨다. 그렇기에 성령님의 임재를 최우선으로 삼는 예배를 드리기 위해 기도에 기도를 거듭하며 주님의 역사하심을 구했다. 이때 입에서 가장 많이 흘러나온 고백은 '주님 뜻대로 하소서'라고 순종하는 "아멘"이었다.

예배 갱신을 위한 40일 금식 기도

예배 갱신을 시작하자 성도들이 동요했다. 새로운 예배 형식에 의아해했고 일부는 거부했다. 싫어하는 성도들도 있었다. 그런 반응을 이해하지 못하는 바는 아니었다. 하지만 그들에게 예배 갱신을 해야 하는 이유를 설명하지는 않았다. 새롭게 바꾸려는 예배를 어떤 형식으로 진행하며 어떤 의미인지 사전에 설명하고 준비 기간을 거쳐서 시작할 수도 있었다. 그러나 미국에 다녀온 다음 주부터 전혀 새로운 형태로 예배를 드렸다. 지금 하지 못하면 안 된다는 생각 때문이었다.

그러자 많은 성도가 교회를 떠났다. 전통 예배 형식에 익숙한 사람들은 도입하려는 새로운 예배 방식을 이해하지 못했다. 우리가 변하면 한국 교회가 변하고 언젠가는 우리 교회의 예배가 한국 교회 예배의 미래라고 설득했지만, 큰 교회에서 하면 그때 따라해도 늦지 않는다며 받아들이지 않았다. 습관처럼 굳어진 예배를 바꾸기는 쉽지 않았다.

"목사님, 죄송합니다. 목사님은 좋지만 예배가 저희와 맞지 않아 적응을 못 하겠습니다."

그분들은 찾아와 이 교회에 더 이상 다닐 수 없다고 말했다. 무척 괴로웠다. 하지만 무작정 잡는다고 해결될 일도 아니었다. 기도할 수밖에 없었다.

목회하면서 중요하거나, 어려운 일이 있을 때마다 금식 기도를 하며 하나님을 찾았다. 예배 갱신은 목회 인생에서 중요한 전환점이었다. 새롭게 목회를 시작한다는 생각으로 1995년 9월 18일부터 40일 금식 기도를 했다. 이 기간에 오전 9시부터 1시간 동안 나를 위해 중보 기도를 해 달라고 교인들에게 부탁했다.

처음 20일 동안 설교와 심방 등 교회 사역에 충실히 임하며 금식 기도하다가 21일째부터는 기도원에 들어갔다. 그런데 그때부터 몸이 아파오기 시작했다. 물을 먹기만 해도 토하고 잠을 잘 수가 없었다. 손발이 차가워지고 마비가 왔다. 아내가 옆에서 같이 기도하면서 굳은 팔다리를 주물렀다. 그런 가운데도 하나님께 간절히 기도드렸다.

"하나님, 아무개, 아무개 집사가 교회를 떠나려고 합니다. 그분들의 마음을 움직여서 떠나지 않게 해 주십시오."

40일 금식 기도를 마치고 내려와 주일에 저녁예배를 드리러 교회에 갔다. 저녁예배에 나와 보니 군데군데 빈자리가 눈에 들어와 마음이 아팠다. 자리에 앉으니 눈물이 절로 났다. 허기진 배와 육신의 고통 때문이 아니라 예배당을 채워야 할 영혼들이 그 자리에 있지 못해 안타깝고 가슴이 아팠다.

예배를 마친 후 소변을 보니 호박을 삶은 것 같이 노랗고 물컹한 물체가 변기 가득하게 나왔다. 아내는 안과의사인 김정우 집사(현재 장로)에게 급히 전화를 걸어 내 상태를 물었다. 김 집사는 내과 의사인 친구에게 물어보더니 위험한 상황이라며 병원에 가라고 권했다. 아내와 함께 병원으로 가서 링거를 맞았다.

40일 금식 기도 후 하나님의 생각과 인간의 생각이 다름을 깨달았다. 예배 갱신을 반대하는 성도들이 마음을 돌이켜 다시 나오기를 바랐지만 하나님은 다른 생각을 품고 계셨다. 예배 갱신을 부정적으로 생각하는 사람들을 떠나게 하셨다. 이 일로 교회에서 왈가왈부하지 않기를 원하셨다. 성도 200명 중 60명가량이 교회를 떠났다. 이 무렵 하나님 앞에서 참 많이 기도를 드렸다. 하나님 앞에서 떼굴떼굴 구르기도 하고 올바른 길로 인도해 달라고 매달리기도 하면서 기도로 하나님 앞에 나아갔다. 그 시간 동안 하나님은 나를 더 깊이 만나 주셨다.

예배 갱신을 포기할까 하는 유혹은 그 이후로도 1년 동안이나 계속됐다. 옛날처럼 예배를 드리면 몇 가정을 함께 데리고 교회에 출석하겠다고 전화가 오기도 했다. 그러나 이미 돌아올 수 없는 강을 건넌 후였다. 예배 갱신이 얼마나 필요한지 누구보다도 절실히 느꼈고, 또 기도할 때 하나님이 강력히 권고하셨기에 결코 흔들림이 없었다.

예배 갱신을 시작하다

예배에는 강력한 하나님의 임재가 있어야 한다. 하나님의 임재가 없는 예배는 그저 사람들이 모였다 흩어지는 모임일 뿐이다. 당시에는 '예배 갱신'이라는 말조차 생소했다. 예배는 하나님의 임재를 체험하는 현장이 되고, 구원받은 자들의 축제가 돼야 한다고 생각했다. 나를 죄와 죽음에서 해방하시고 구원하신 하나님께 나아와 경배드림이 예배의 본질이기 때문이다. 십자가 위에서 화목 제물이 되신 예수 그리스도의 이름으로 하나님 앞에 나아가 하나님을 예배할 때 그분을 만난다. 또한 예배는 드림이다. 마음을 드리고 자신을 드리며 찬양을 올려드리는 것이다. 말씀과 찬양에 균형이 있는 예배, 성령의 기름 부으심으로 경배와 찬양으로 하나님의 궁정에 들어가는 예배에 진정으로 하나님의 임재가 충만하며, 이를 통해 하나님이 다윗의 장막을 회복하신다. 예배는 목회자 중심이 아니라 적극적으로 참여하는 성도 중심이 돼야 한다. 성도들이 그렇게 예배에서 살아 계신 하나님을 만나기를 소원했다.

미국에서 찬양 속에 거하시는 성령님을 체험하고 돌아와 단순하고 새로운 예배를 시작했다. 찬양과 설교를 두 축으로 하나님의 말씀으로 구원의 은혜를 증거했다. 찬양은 하나님의 이름과 성품, 하나님이 행하신 일을 높이며 경배하는 것이다. 예배 갱신을 하며 성가대만 드리는 찬양에서 성도 모두가 예배자로서 뜨겁게 드리는 찬양으로 형식을 바꾸니 오륜교회의 예배가 축제가 되었다.

주일낮예배 시간에 찬송가도 부르지만 예배 시간마다 늘 새로운 노래로 주님을 찬양하도록 했다. 어떤 사람들은 찬송가는 경건하고 거룩하지만 다른 복음성가나 새로운 찬양은 저속하고 경건하지 않다고 말한다. 하지만 이는 편견에 불과하다. 가사와 멜로디가 성경에 기반하고 성령님의 감동하심과 감화가 담긴 곡이라면 새 곡이라도 편견을 버리고 이것으로 하나님을 찬양할 수 있다.

성가대 운영도 새롭게 바꿨다. 전통적인 교회 성가대와 다르게 '콰이어'라는 이름으로 찬양단을 구성했다. 전통적인 교회에서 성가대는 매주일 성가대가 특송을 하지만 오류교회는 한 달에 한 번 특송을 하고 매주 찬양단과 성도들이 함께 찬양한다. 성가대만 하나님께 찬양을 드리는 것이 아니라 강단 아래에 있는 성도들도 함께 찬양을 드리는 모습이다. 찬양을 관람하는 것이 아니라 모두가 함께 예배자로서 하나님께 찬양드리는 축제의 모습을 지향했다.

전통적인 예배 순서의 단순화는 당시로서는 크나큰 개혁이었다. 그 과정에서 적지 않은 성도가 교회를 떠났지만 결국은 단순한 예배 형태가 교회에 부흥을 가져왔다. 순서가 많고 지루하며 형식적이어서 예배에 적응하지 못하던 젊은이들에게는 단순한 예배가 큰 호응을 얻었다. 청년뿐만 아니라 장년층도 점차 이런 예배에 적응했다. 오히려 단순한 예배가 더 좋다고 말하는 사람이 더 많았다.

이제 전통적인 예배 형태로는 다음 세대 주인공들을 교회로 끌어들이기가 쉽지 않다. 그런 의미에서 예배 갱신은 아직도 필요하다. 한국 교회를 위해 이런 예배 형태가 미래 예배 모델로 자리잡아야 한다고 생각한다.

원파이브극단 창단과 열린문화예배

예배 갱신을 하면서 예배를 위한 도구로 문화를 도입했다. 성가대의 성가를 듣기만 하는 것이 아니라 모든 성도가 입을 벌려 하나님을 찬양하고, 익숙한 악기로 신나고 즐겁게 춤추고 노래하며 기쁨이 충만한 예배를 드리기 위해 준비했다. 여기에 드라마와 영상 매체 등을 활용한 설교를 더해 성도들이 복음에 더 자연스럽고 쉽게 접근할 방법을 찾고 있었다. 하지만 예배 갱신 초기에는 드라마를 할 수 있는 인력이 없어 찬양에 치중한 예배를 드릴 수밖에 없었다.

그러던 중 하나님이 이에 합당한 사람을 오륜교회에 보내셨다. 1996년 여름 당시 언론사에서 화백(국민일보 시사만

_____ 원파이브극단

평 담당)으로 재직하던 조대현 집사가 올림픽아파트로 이사
오면서 우리 교회에 새로 등록했다. 조 집사는 예전에 다른
교회에서 문화 사역을 맡은 적이 있어서 꿈꾸던 열린문화
예배를 구체화하는 데 많은 도움을 주리라 생각했다.

　1997년이 되면서 열린문화예배를 위해 실제로 준비에
들어갔다. 2월에 7명으로 드라마예배팀을 구성했다. 조대
현 집사와 신학생이던 신영석 청년, 주부극단에서 연극 활
동을 한 경험이 있는 박은선 집사(현재 권사)가 여기 참여했
다. 이 밖에도 청년 집사들을 뽑아서 단원을 구성했다.

이들은 아무것도 갖춰지지 않은 열악한 상황에서 초보자뿐 아니라 경험도 많지 않은 분들이 모였지만 참으로 열심히 했다. 조 집사는 직접 연극 대본을 작성하고 감독을 맡았고, 다른 팀원들도 동대문 시장에 가서 천을 잘라와 의상과 소품을 직접 만들며, 조명과 효과음을 맡았다. 모두 1인 2역, 3역을 마다하지 않으며 하나님 안에서 일심동체로 움직였다.

드라마예배팀을 구성하고 연습 기간이 두 달도 채 되지 않았지만 3월 30일 고난주일에 올린 첫 드라마예배는 많은 성도에게 큰 감동을 주며 열린문화예배의 가능성을 보여주었다. 또 그해 11월 총력전도주일에 열린 제1회 오륜열린축제에서는 하나님을 알지 못하는 일반인들에게도 스킷 드라마를 선보였다. 이를 통해 드라마 예배가 말씀을 더 쉽고 효과적으로 증거하는 좋은 도구임을 배웠다.

드라마예배팀은 1998년 2월 원파이브(one-five)극단으로 정식 창단했다. 극단 이름은 동그라미(원)가 다섯 개(파이브)인 올림픽(오륜) 마크에서 따왔다. 이들은 순수하게 아마추어팀으로 출발했지만 성도들에게 완성도 높은 성극을 보여 주기 위해 탤런트 출신 임동진 목사가 운영하는 횃불성극 아카데미에서 훈련 받는 등 많은 시간과 노력을 연극 연습에 쏟아부었다. 이들은 수요예배와 주일저녁예배를 마치고 교회에서 연습했는데, 밤 12시 가까운 시간까지 불을 밝히고 연습하며 마음을 뭉클하게 하기도 했다. 또 교인들은 이들의 열성적인 모습만 보고도 은혜가 된다며 원파이브극단에 후원을 아끼지 않았다.

당시 예배당이 조그만 상가에 자리하다 보니 이들이 공연하기에 여건이 좋지 않았다. 무대가 좁아 공연하는 데 애를 먹었으며, 재정이 넉넉지 않아 핀마이크를 갖추지 못해 강대상 천장에 마이크를 매달아 공연하는 등 많은 어려움을 겪었다. 이렇게 갖춰지지 못하고 부족한 상황에서도 이들은 매년 네 차례 꾸준히 성극을 올려 성도들에게 진한 감동을 선사했다. 원파이브극단의 공연이 우수하다고 소문이 나면서 다른 교회에 초청받아 공연을 펼치기도 했고, 국민일보에서 크게 소개되기도 했다.

돌이켜 보면 이들의 노고가 있어 오류교회 열린문화예배는 자리잡을 수 있었다. 예배 갱신 초창기 하나님은 교회에 필요한 사람들을 보내셨고, 또 이들은 하나님이 각자에게

주신 달란트를 발휘해서 헌신적인 봉사로 열린문화예배에
주춧돌을 세웠다.

　　교회는 기쁨이 가득 찬 곳이어야 한다. 그런데 교회에 들
어서면 몸과 마음이 경직되는 경우도 종종 있다. 오류교회
열린문화예배는 '교회를 TV보다 재미있는 세상으로 만들
자'라는 캐치프레이즈 아래 시작했다. 어려운 시기 열악한
환경으로 상가 교회에서 시작한 드라마 예배는 오류교회가
지향하는 열린문화예배에 기틀을 마련했다. 보성고 강당으
로 이전하면서 열린문화예배는 한층 발전된 모습을 보이며
활짝 꽃피웠다.

다시 채워 주시는 하나님

기존에 드리던 예배와 형식이 다른 예배를 드리는 예배 갱신이기에 힘들고 어려운 점도 있었지만 담임목사를 신뢰하고 따라준 성도들과 주님이 허락하신 은혜의 물결을 타고 교회는 빠른 속도로 성장하기 시작했다. 성도들은 신령과 진정으로 드리는 예배를 통해서 하나님의 임재를 경험했고 형식과 습관이 아니라 구원의 감격과 기쁨 속에서 축제와 같은 예배를 드렸다.

예배 갱신 후 1년이 지나면서 하나님이 교회에 부흥의 역사를 시작하셨다. 예배 갱신을 한 첫해 1994년에는 새신자가 42명 등록했지만, 이듬해 1995년에는 90명이 등록했다.

당시에는 처음에 임대한 203호(33평)와 1993년 매입한 202호(33평)를 예배당으로 쓰면서 지하실을 주일학교 예배 공간으로 사용했다. 그런데 예배 갱신 후 교인 숫자가 늘어나자 공간이 부족해져 장소를 확장해야 하는 상황이었다.

교회 옆 201호에는 속셈학원이 있었다. 학원 원장은 처음에는 교회에 자신의 사업장을 넘기려 하지 않았으나 몇 번 논의 끝에 권리금을 받고 교회에 넘기기로 이야기를 마무리했다. 상가 주인에게 이런 사실을 이야기하고 교회가 사용하게 해 달라고 부탁했다. 그런데 이번에는 뜻밖에도 상가 주인이 교회에는 절대 임대하지 않겠다며 강경하게 나왔다. 젊은 사람이었는데 어떤 연유인지 교회에 무척 부정적인 시각을 갖고 있었다.

교회로서는 늘어나는 성도들을 수용하기 위해서 그 공간이 꼭 필요했다. 그래서 권사들이 꽃을 들고 직접 집에 찾아가기도 하고 별별 수단과 방법을 동원해서 주인의 마음을 바꿔보려고 했다. 그러나 모두 헛수고였다. 도무지 어떤 방법도 통하지 않는 사람이었다.

마지막 방법으로 속셈학원 측에 주인이 허락한다는 조건이어야만 권리금을 줄 수 있다고 밀어붙였다. 다급해진 속셈학원 원장은 주인에게 사정사정해서 결국 주인이 1년 정도 남은 계약 기간까지만 사용을 허가한 상태에서 1994년 7월 임차 계약을 체결했다.

그러나 계약 기간 1년이 끝나는 시점이 다가오자 다시 공간 문제로 고민했다. 리모델링까지 하며 교회를 확장했는데 계약 기간이 끝나면 원래 상태로 복구해야 했다. 교회가 확장하지는 못할망정 쪼그라들 수는 없었다. 전 교인과 합심으로 기도하며 주인에게 임대 기간을 늘려달라고 재차 부탁했지만 주인은 태도에 변함이 없었다.

그런데 며칠 후 뜻밖의 일이 벌어졌다. 젊은 주인이 갑자기 아파 삼성병원에 입원해서 사경을 헤맨다는 소식을 들었다. 그의 부인은 교회로 찾아와서 빨리 상가를 매입해 달라고 부탁했다. 주인이 죽기 전에 이를 처분하려고 했다. 성도들은 이 소식을 듣고 모두 놀랐다. 그토록 하나님께 기도하며 바랐는데 이런 방법으로 해결되다니….

1995년 10월 마침내 201호를 매입했다. 이런 일이 있을 거라고는 아무도 예상하지 못했다. 예배당을 줄일 필요도, 쫓겨날까 걱정할 필요도 없게 되었다.

항상 넉넉히 예비하시는 하나님께 다시 한번 감사드렸다.

1996년부터는 새신자가 매년 150명 이상 왔다. 1996년에는 성도가 165명 등록했고, 1997년에는 187명, 1998년에는 188명이 새로 오류교회 교인이 되었다. 성도 수가 늘어나서 1996년 12월 14일에는 김명린, 송병화 씨가 장로 장립식을 김정우, 박남석, 염준식, 윤희육 씨가 집사 안수식을, 김명희, 박창숙, 송영희, 이영옥, 정용순, 한용례 씨가 시무권사 취임식을, 김화규, 윤해수, 한정선 씨가 명예권사 취임식을 했다. 1994년에 이어 두 번째 임직식이었다. 장로 장립식은 이번이 처음이었다.

교회 공간도 더욱 확장해서 1995년 101호(16.5평)를 교육관으로 매입했으며, 1997년에는 102호(16.5평)를 사서 교육관을 확장하고 임대로 있던 203호(33평)를 매입했다.

예배 갱신을 하면서 많은 사람이 오류교회를 떠났다. 하지만 하나님은 그들이 떠난 빈자리를 더 많은 사람으로 채워 주셨다. 좁은 생각으로 떠나는 그들을 잡고 싶었지만, 하나님은 오히려 내게 더 큰 깨달음을 주셨다. 하나님의 비전으로 담대히 나감이 얼마나 중요한지 알려 주셨고 또 우리 속에서 선한 일을 시작하신 하나님이 계속 그 일을 은혜로이 성장하게 해 주시며, 더욱 풍성하게 채우심을 믿게 하셨다.

작지만 충만한 교회

올림픽아파트 상가 2층 가장 후미진 곳에 있던 오륜교회는 작지만 참 복된 교회였다. 성도들은 모두 열심히 정성을 다해 주의 일에 힘썼다. 너나 할 것 없이 서로 먼저 앞장섰고, 양보했다. 밤에 몰래 성전에 들어가 걸레질하고 가는 사람이 있었고, 밤늦도록 교회에서 일하는 청년들에게 따뜻한 음식을 대접하는 손길이 있었다.

밤새도록 새벽까지 기도 릴레이가 그치지 않는 교회였다. 한 사람이 기도하다 나가면 또 한 사람이 들어오고, 이어서 또 한 사람이 들어오고…. 누가 시키지도 않았지만 밤새 기도의 발길이 끊임없이 이어졌다. 기도로 교회에 있던 모든 어려움과 문제도 해결되고 풀어졌다. 이분들은 지금도 장로, 권사로 있으며 교회를 위해 묵묵히 기도한다.

지금도 그렇지만 오류교회는 그 시절에도 예배 갱신을 경험한 성도들이 주님 앞에 더욱 가까이 다가가려고 모이며 항상 열정적이었다. 찬양 연습에 시간 가는 줄 모르고, 밤새 무대 세트를 만드는 청년들이 있었다. 주의 일을 함이 너무너무 행복해서 이삼일 밤새워 일해도 피곤한지 모르겠다는 젊은이들이었다. 이들의 헌신과 수고로 오류교회는 문화 사역에서 열매를 맺었다.

성도들은 이 조그만 상가 교회에서 하나님의 축복이 차고 넘침을 눈으로 직접 확인하고 체험했다. 열악한 환경이지만 온 교회가 강물 같은 은혜에 잠겼다. 이런 충만함을 시발점으로 오류교회는 성장했으며, 이후 보성고 강당으로 예배 장소를 옮기며 폭발적 성장과 확장을 계속했다.

제3장

1998
~
2004

축복의 보성고 시대를 열다

1998, 다니엘기도회를 시작하다

다니엘 하면 사자 굴이 떠오르고, 나이 80이 넘도록 국무총리를 지낸 영향력 있는 사람이 생각난다. 그렇다. 정말 다니엘은 사자 굴에 던짐을 받았어도 죽임을 당하지 않았다. 포로로 끌려온 사람으로서 왕에게 신임을 얻어 정권이 세 번이나 바뀌는 데도 계속 국무총리직을 감당하며 그 시대에 가장 영향력 있는 삶을 살았다. 이 모든 것은 바로 기도의 열매였다. 다니엘 기도와 관련해서 성경에는 다음과 같이 나온다.

"그 때에 나 다니엘이 세 이레 동안을 슬퍼하며 세 이레가 차기까지 좋은 떡을 먹지 아니하며 고기와 포도주를 입에 대지 아니하며 또 기름을 바르지 아니하니라"(단 10:2-3).

다니엘은 힛데겔 강가에서 세 이레 동안 금식하며 베옷을 입고 기도했다. 왜 다니엘은 90세에 그렇게 기도했을까? 고향으로 돌아간 사람들에게서 안타까운 소식을 들었기 때문이다. 민족의 장래를 향한 하나님의 뜻을 알고 싶었다. 정말 기도의 사람이었다. 육신은 노쇠했지만 영혼은 언제나 깨어 하나님과 깊은 교제 속에 있었기에 하나님이 보이신 환상을 깨달았다. 하나님은 다니엘이 기도를 시작한 첫날부터 이미 들으시고 응답하셨다.

"그가 내게 이르되 다니엘아 두려워하지 말라 네가 깨달으려 하여 네 하나님 앞에 스스로 겸비하게 하기로 결심하던 첫날부터 네 말이 응답 받았으므로 내가 네 말로 말미암아 왔느니라"(단 10:12).

다니엘이 기도로 하나님과 동행하고 어려움을 극복했듯이 오륜교회도 기도로 축복을 받았다. 오륜교회가 걸어온

길을 돌이켜 보면 기도의 힘으로 여기까지 왔다. 부교역자로 시무하던 교회를 그만두고 아내와 6개월간 기도로 준비하며 안디옥교회를 개척했다. 오륜교회로 옮길 때는 다른 교회가 맺은 계약을 물리기까지 하시며 오륜교회로 들어오도록 하나님은 기도에 응답하셨다. 예배 갱신 때는 40일 금식 기도를 하며 함께한 성도들의 기도로 하나님의 권고하심을 따라 담대한 결정을 내렸다. 상가 주인이 교회를 배척해서 예배당 사용을 막았을 때는 성도들의 부르짖음을 들으시고 생사를 주관하셔서 오륜교회를 온전히 지켜 주셨다. 그야말로 기도로 세운 교회이다. 하나님은 고비 때마다 드린 기도에 응답하심으로 문제를 해결해 주셨다.

오륜교회는 예배 갱신 후 열린문화예배가 자리를 잡아가며 성도 수가 많이 증가했다. 1996년부터 매년 200명 정도가 새로 등록하며 1998년 무렵에는 총 등록 성도가 900명에 이르렀다.

당시에는 올림픽아파트 G상가 2층 전체와 1층 일부를 예배당과 교육관으로 사용했다. 하지만 G상가 자체가 워낙 자그마하다 보니 예배 처소가 협소해서 불편이 컸다. 2층 상가인 세 곳 전부를 합쳐도 실평수가 55평에 불과해 250여 명이 본당에 들어가면 꽉 차 더 이상 들어갈 수가 없었다. 주일낮예배를 3부로 나누고, 새벽기도회를 2부로 나누어도 교인을 모두 수용하기에는 역부족이었다. 금요일 기도회 때는 복도까지 의자를 놓고 앉아도 부족했다. 1996년 7월에 건축위원회를 조직하고 그때부터 성전 건축을 준비했지만, 이 또한 하루아침에 이루어질 일이 아니었기에 예배 처소 협소 문제를 바로 해결할 방안이 되지는 못했다. 어떻든 예배당 확장은 시급히 해결해야 할 과제였다.

1998년 겨울, 아파트 단지 구석에서 상가 교회 담임목사에게 목회 현실의 벽은 너무나 높았다. 당시에 우리나라는 사회적으로도 IMF 외환 위기를 맞아 많은 사람이 경제적으로 어려움을 겪었다. 뜨거운 가슴과 열정은 있었지만 내 힘만으로는 아무것도 할 수 없는 무기력감과 피곤함으로 앞으로 나아갈 수 없었다. 결국 산으로 올라가 금식하며 기도하라는 하나님의 음성에 순종했다. 다니엘처럼 금식하며 하나님께 기도해야겠다고 다짐했다. 남은 교인들에게는 부족한 담임목사를 위해 매일 밤 9시에 교회에 모여 기도해

———— 상가 교회에서의 다니엘 기도회

달라고 부탁했다. 그때는 교인도 많지 않고 상가 2층에서
예배 드리던 때였다. 속으로는 '담임목사도 없는데 과연 몇
명이나 교회에 나와 기도할까?'라고 반신반의하기도 했다.
하지만 아내를 통해 수화기로 듣게 된 한마디에 참았던 눈
물이 터져 나왔다.

"교인들이 매일 교회에 나와서 당신과 교회를 위해 기도
해요!"

오륜교회 다니엘기도회는 이렇게 시작되었다. 기도의 사

람 다니엘이 세 이레 동안 하나님을 찾아 부르짖었듯이 오류교회도 어려운 문제를 내어놓고 하나님께 부르짖었다. 처음에는 '다니엘 세 이레 기도회'였다. 하지만 2013년부터 '21일간 한국 교회와 함께하는 다니엘기도회'로 명칭을 바꾸었다. 한 목회자의 몸부림, 한 교회에서 시작된 다니엘기도회가 어느덧 20년의 세월을 훌쩍 뛰어넘어 1998년 처음 시작된 이래 지금까지 한 해도 쉬지 않고 계속 이어지고 있다. '다니엘'이라는 이름을 붙인 수많은 기도회가 있음에도 불구하고, 왜 지금 이 '다니엘기도회'가 주목받을까? 하나님이 진정으로 원하시는 기도회이기 때문이다.

다니엘기도회란 이 땅의 영적인 회복을 꿈꾸며 매년 11월 1일부터 21일까지 21일간 각 교회 현장에서 인터넷 생중계로 참여하는 연합기도회다. 오류교회 개교회의 기도회로 시작한 이 기도회가 지금은 한국 교회를 대표하는, 전 세계 열방 교회가 함께하는 기도회가 되었다. 하나님은 이렇게 지경을 넓혀 가고 계신다.

2012년까지 다니엘기도회는 오류교회만의, '우리들만의 기도회'였다. 그런데 우리 교회는 다니엘기도회를 통해 기도의 동력을 얻어 부흥하며, 성장해 왔기에 더는 하나님의 영광과 은혜를 경험하는 이런 예배를 혼자만 누릴 수 없었다. 받은 은혜가 많고 소문이 나다 보니 주변에 아는 목사들에게도 이 기도회를 소개했다. 주님의 몸 된 다른 교회들과 함께하기를 바라는 작은 마음으로 '인터넷 생중계'라는 방법으로 2013년부터는 '21일간 한국교회와 함께하는 다니엘기도회'로 그 지경을 넓혀 갔다.

2013년 38개 교회가 다니엘기도회에 참여했고 이를 시작으로 다음 해인 2014년에는 264곳, 2015년 1,076곳, 2016년 3,202곳, 2017년 10,091곳, 2018년 11,212곳, 2019년에는 약 1만 3천여 곳으로, 이제는 40만 한국 교회 성도가 함께한다. 이는 교회사에서도 유래없는 일이다. 해외에서도 450여 교회가 함께 참여하며 '21일간 열방과 함께하는 다니엘기도회'를 시작했다.

다니엘기도회의 목적은 자명하다. 개교회주의를 탈피해서 공교회성을 다지고, 연합해서 하나님께 영광을 올려드리는 것이다. 또한 성도 개인에게는 '하나님을 자랑하는 간증의 주인공이 되라'라는 표어로 신앙 성장을 돕고 있다.

다니엘기도회에는 3가지 핵심 가치가 있다. 첫째는 '성령

_____ 21일간 열방과 함께하는 2019 다니엘기도회

의 강력한 임재가 있는 예배'(Worship)이다. 단순히 유명 강사를 세우는 것이 아니라 하나님을 인격적으로 체험한 보석 같은 강사들의 말씀을 기반으로 한 말씀 중심 기도회이다. 또한 각 교회를 대표하는 예배 인도자들과 모든 열방이 함께 찬양을 크게 올려드린다. 말씀과 찬양으로 받은 은혜는 하늘문을 여는 뜨거운 기도로 이어져 모든 성도가 큰 은혜를 경험한다.

영상 참여에 의구심을 가지고 시작했던 많은 교회도 그 가운데 성령의 강력한 임재를 경험했다. 해외 지역에서도 시차가 맞지 않아 참석하기 어려운 경우에는 다니엘기도회 홈페이지를 통해 영상을 내려받아 진행하는 등 다양한 방법으로 성령님의 강력한 임재가 있는 예배로서 지경을 넓히고 있다.

둘째, '온전한 치유와 변화가 있는 회복'(Restoration)이다. 사실 다니엘기도회가 여러 교회와 연합한 가장 큰 이유는 '목회자의 회복'에 있다. 사역의 어려움과 생활의 어려움, 영적 침체로 기도의 동력을 잃어버린 '목회자의 회복'은 곧 열방의 회복으로 이어질 것이다. 목회자들의 회복과 함께 일어나는 성도의 변화는 교회의 분열과 어려움을 타파하고 교회가 교회답게 세워지는 화합과 은혜의 장이 된다. 교회와 성도의 회복은 자연스레 가정의 회복으로 이어진다. 가정이 회복되면 교회도 건강하게 세워진다.

셋째, '교단과 교파를 초월한 연합'(Unity)이다. 개인주의의 확장과 개교회주의의 폐해로 세상에서 '불통'이라는 키워드를 단 교회는 이제 복음 안에서 하나로 연합해야 한다. 교단과 교파를 초월해서 하나의 말씀을 듣고 함께 기도하는 자리는 그 자체로도 의미가 크다. 현재 다니엘기도회에는 약 90여 교단이 참여한다. 실로 기적 같은 일이다. 이런 역사로 모든 교회와 성도들이 기도하는 이 자리를 진정으로 소망해 왔음이 표출되었다고도 볼 수 있다.

다니엘기도회 때마다 오류교회 성도들에게 기도하며 교회와 이웃을 돌아보라고 권면했다. 한국 교회의 연합을 위해 말과 혀로만이 아니라 행함과 진실함으로 사랑해야 하기 때문이다. 그래서 매년 11월이 되면 사랑과 섬김과 나눔이 이어진다. 다니엘기도회에 참여하는 각 교회의 예배 환경 개선을 위해 'LED 교회 간판, TV 및 빔프로젝터 설치', '도서 환경 개선을 위한 서적 제공', '꿈이 있는 미래 사역 콘텐츠와 컨설팅 제공'을 성도들의 자발적 헌신으로 흘려보냈다. 또한 다니엘기도회 중간에 '사랑의 헌금'을 광고해서 각계각층에서 섬기는 교회, 목회자, 선교사, 성도들에게 치유와 회복, 연합의 기쁨이 흘러가고 있다.

이렇게 다니엘기도회에서 '기도 연합'으로 하나님 나라를 세워가며 중보 기도 어플리케이션 '나로'(NARO)를 통해 전 세계 수많은 중보 기도자가 기도로 동역하도록 개인 기도 제목과 다니엘기도회에 참여하는 교회의 기도 제목을 공유하며 기도한다. 누구나 온 열방의 기도 제목을 놓고 기도할 수 있도록 기도의 창을 열어 연합한다.

물론 다니엘기도회를 진행하는 데 어려움이 없진 않다. 알다시피 그동안 한국 교회가 많은 연합을 시도했지만, 그 연합이 오래가지 못했다. 그 이유는 무엇인가? 대부분이 중대형교회를 중심으로 한 정치 연합이었기 때문이다. 이권이 사라지면 그 연합도 자연스럽게 해체되었다. 이를 반면교사로 삼아, 다니엘기도회는 철저히 섬김의 자세로 나아갔다. 그러나 이런 행보에도 불구하고 한국 교회의 인식을 바꾸는 데는 많은 어려움이 있었고, 지금도 그 성장통을 겪는다.

다니엘기도회는 정치나 지역으로 하는 연합이 아니다. 오직 성경에 기록된 대로 예수님의 몸 된 교회들이 하나 되는 연합이다. 또한 기준 없는 연합이 아니다. 교단과 교파를 초월해서 예수님을 주라 고백하는 진리와 기본 교회 전통을 따른다. 세력을 키우기 위해 인간의 힘으로 조직해 일군 연합이 아니다. 다니엘기도회는 시대와 교회의 요구에 연합으로 응답하기 위해 시작했다.

요즘 중대형교회들이 사회에서 지탄받는 이유가 무엇인가? 자신들만을 위한 교회를 세워가기 때문이다. 다니엘기도회는 한국 교회 생태 환경을 바꾸고 세상이 교회를 바라보는 눈을 바꾸기 위해 노력하며 기도하고 있다.

앞으로도 다니엘기도회에 주신 비전이 있다. 첫째, 연합의 지경을 넓히기 원한다. 다니엘기도회의 역사를 통해서 알 수 있듯이 오륜교회라는 한 교회의 기도회가 1만 3천여 교회와 함께하는 열방 기도회가 되었다. 연합의 의미를 알지 못하거나 아직 그 소식을 듣지 못한 교회들과 연합해서 주님의 몸 된 교회임을 확인하는 큰 비전을 품고 있다. 결국 세상도 교회가 분열하지 않고 교회답게 연합하기를 원한다. 다니엘기도회는 이런 세상의 물음에 응답하고자 한다.

둘째, 교회의 참모습 회복이다. 한국 사회에서 개신교는 영향력이 점점 사라지고 있다. 먼저 기도회를 통해 말씀과 기도로 무장하고 하나 돼야 한다. 교회가 교회만을 위해서가 아니라 세상을 섬기려고 도약해야 한다. 복음을 듣지 못한 사람들에게 복음의 통로로 역할하기 위해 먼저 교회의 거룩성을 회복해 나가야 한다. 또한 성도들도 개인의 축복과 입신양명을 위해서 교회 생활을 하는 기복신앙을 넘어 하나님 나라와 세상 모든 민족, 연약한 자들을 위해 울어 줄 수 있는 참된 모습으로 회복되길 꿈꾼다.

셋째, 사회에서도 책무를 다하는 교회가 되기 원한다. 교회만을 위한, 교인들만을 위한 교회가 아니라 세상을 위한 교회를 꿈꾼다. 하나님이 세상을 사랑하셨듯이 세상을 사랑하며 사회적 책무를 다하는 교회가 되기를 꿈꾼다. 그런 의미에서 다니엘기도회는 '다니엘 프렌즈'(Daniel Friends)라는 이름으로 국가, 사회적 재해나 재난, 불의의 사고 시에 긴급 구호 활동으로 세상과 교회를 사랑하는 큰 발걸음을 준비하고 있다. 다니엘기도회는 끊임없이 열방이 하나님께 돌아오는 귀한 사역을 향해 달려가고 있다.

예비하신 처소, 보성고 강당

1998년 12월 첫날, 예배 공간 확보라는 숙제를 들고 기도
원에 들어갔다. 내게는 이런 굳은 믿음이 있었다. '하나님
은 분명 오륜교회에 품은 계획이 있으시다. 가장 좋은 방법
으로 인도해 주실 것이다.' 다니엘이 드린 기도에 응답하신
하나님께 오륜교회 형제, 자매, 그들의 아들, 딸이 넉넉히
들어가고도 남을 예배 공간을 달라고 간구했다.

기도회 기간에 하나님은 성령의 불로 오륜교회를 뜨겁
게 하셨다. 상가 본당이 꽉 찰 정도로 많은 성도가 기도회
에 참석했다. 그렇게 성도가 많이 모이리라고는 사실 아무
도 기대하지 않았다. 하지만 하나님은 성도들 한 명 한 명

의 마음을 움직여 그들을 예배당으로 인도하셨다. 성도들은 사자 굴에서 다니엘과 함께하시고, 민족의 장래를 위해 다니엘의 기도에 응답하신 하나님을 기억하며 오류교회 예배 처소 문제를 놓고 합심으로 기도드렸다. 다니엘이 기도를 시작함과 동시에 이미 첫날부터 그 기도를 들으시고 응답하셨던 하나님만을 바라보면서 계속 부르짖었다.

기도할 때 하나님은 내게 보성고등학교 강당을 보여 주셨다. 보성고등학교는 교사를 새로 신축해서 1989년 혜화동에서 방이동으로 자리를 옮겼다. 교회와 100m밖에 떨어져 있지 않아 지리적으로 무척 가까울 뿐만 아니라 강당 시설이 900석 규모여서 많은 사람이 예배드리기에 최적지였다. 당시 학교 강당을 빌려서 예배 드리는 교회가 더러 있었으나 대부분 미션 스쿨이었다. 보성고등학교는 민족학교로서의 설립 이념이 강한데 천도교에 이어 불교에서 재단을 운영했다. 그래서 누구도 보성고등학교에서 예배드릴 수 있다고 생각하지 못했다.

기도하는 가운데 보성고등학교를 이용해야겠다는 생각이 들어 이 학교 출신인 김정우 집사에게 학교와 접촉해 달라고 부탁했다. 교회의 뜻을 전했을 때 처음에는 반응이 좋지 않았다. 그러나 실망하지 않았다. 쉽게 강당을 열어 주리라고 기대하지 않았기 때문이다. 냉담한 반응을 이미 예상했다.

다시 기도하면서 김정우 집사에게 재차 학교와 접촉해 달라고 말했다. 이번에도 그들은 시큰둥한 반응을 보였지만 심하게 반대하는 사람들이 조금 누그러졌다고 소식을 전해왔다. 하나님이 오류교회를 보성고 강당으로 인도하신다는 확신을 갖고 다시금 보성고등학교에 교회의 뜻을 전달해 달라고 당부했다. 이와 함께 전 교인에게 한목소리로 이를 위해 기도해 달라고 부탁했다.

기도원을 나와 산으로 향했다. 나를 하나님께 바친다는 각오로 두 손을 모으고 꿇어앉아 오류교회 모든 성도가 한자리에 모여 한마음으로 주를 섬기고 마음껏 찬양할 처소를 달라고 간절히 기도드렸다. 얼굴은 눈물, 콧물, 땀 범벅에 다리는 저려와 감각이 점점 무뎌졌지만, 기도를 멈출 수 없었다.

마침내 하나님은 기도를 들어주셨다. 오류교회 성도들이 기도로 드리는 뜨거운 외침을 들으시고, 하나님 앞에 미천

한 자 김은호의 기도 소리에 응답하셨다. 다니엘기도회가 다 끝나기도 전에 하나님은 보성고등학교 관계자들의 마음을 여시고 장소를 허락해 주셨다.

기도 응답을 받은 성도들은 남은 기도회 기간에 하나님의 무한하신 사랑과 은혜를 목소리 높여 찬양했다. 축제 분위기에서 성도들은 하나님께 감사하며, 결단하는 복된 시간을 누렸다.

"기록된 바 하나님이 자기를 사랑하는 자들을 위하여 예비하신 모든 것은 눈으로 보지 못하고 귀로 듣지 못하고 사람의 마음으로 생각지도 못하였다 함과 같으니라"(고전 2:9).

기도하며 이 말씀이 기억났다. 모두가 감히 생각지도 못하던 상황에서 하나님은 기도 중에 방법을 찾을 수 있는 지혜를 주시고, 친히 길을 열어 주셨다. 완고했던 학교 관계자들의 마음을 누그러뜨려 임대 계약을 성사하게 하시고 하나님을 사랑하는 오륜교회 성도들을 위해 모든 것을 예비하셨다. 보지도, 듣지도, 생각하지도 못했던 모든 것을 주셨다. 안디옥교회에서 넉넉한 공간을 주시려고 오륜교회로,

_____ 보성고 강당에서 드린 예배

다시 보성고등학교 강당으로 인도하시는 하나님의 놀라우
신 은혜에 모든 성도는 감사 찬송을 불렀다.

하나님의 임재를 경험하게 한
열린문화예배

오류교회는 보성고등학교와 강당 임대 계약을 마치고 1998년 12월 송구영신예배를 시작으로 1999년부터 보성고 강당에서 예배를 드렸다. 하나님은 오류교회가 새 성전을 건축하기까지 이곳을 징검다리로 사용하게 하셨다. 오류교회는 보성고 강당에서 큰 축복을 받아 성전 건축이라는 대역사의 주춧돌을 놓았다.

상가 2층 좁은 공간에서 예배드리다가 넓은 보성고 강당에서 예배드리자 성도 모두가 무척 좋아했다. 그동안 넓은 단일 공간이 없어 1층 교육관 여기저기에 흩어져 예배를 드리던 유아부, 초등부, 중등부, 고등부 학생들은 그동안 대

예배를 드리던 상가 본당, 교육관 등 한층 여유 있는 공간에서 각기 부서별로 예배를 드렸다. 또 넓은 보성고 강당에서 다양한 문화 행사를 열어 학생들은 더욱 다양하고 풍성하게 활동했다. 그중에서도 드라마 공연과 찬양 등을 할 때 공간이 협소해서 애를 먹던 원파이브극단과 찬양 인도자들이 예배 장소로 공연장처럼 생긴 강당을 사용하게 되어 특히 기뻐했다. 장소에 구애받지 않고 마음껏 노래하고 원하는 공연을 했다.

나 또한 예배 갱신으로 열린문화예배를 넓은 공간에서 제대로 드리게 되어 무척 기뻤다. 무엇보다도 예배를 드리러 왔다가 자리가 없어 발길을 돌려야 했던 성도들이 모두 한자리에 앉아 찬송을 부르고 기도하며 말씀을 듣게 되어 하나님께 감사했다.

보성고 강당에서 예배드리기 시작하며 커진 예배 공간을 십분 활용하려고 찬양단 조직을 개편했다. 예배 규모가 커진 만큼 찬양단 수도 늘렸다. 기존 찬양단을 확대해 남녀 각 8명씩으로 중창단을 구성해서 1999년 1월부터 활동하게 했다. 그해 6월에는 70인 찬양단을 모집했다. 기존 교회 성가대와 예배 시간에 찬양을 인도하는 찬양단 성격을 더

홀리 콰이어

한 70인 찬양단은 평소에는 찬양단과 함께 예배 찬양을 인도하며 한 달에 한 번씩 특송하는 형태로 운영했다. 70인 찬양단은 이듬해 홀리 콰이어(Holy Choir)로 이름을 붙였다. 2000년 7월에는 하나님이 임재하신다는 의미에서 이름을 프레전스(Presence) 찬양단으로 바꾸고 찬양 인도자와 찬양 단원, 악기 연주자로 찬양단을 구성했다.

이렇게 찬양단을 조직하자 열린문화예배는 한층 활성화 되었다. 성령을 뜨겁게 체험하고 말씀을 선포하는 열린문화예배에서는 찬양이 차지하는 비중이 크다. 찬양으로 성도들은 예배를 더욱 주체적으로 드리게 되었고 말씀에도 큰 은혜를 받았다. 특히 찬양예배는 젊은이들에게서 큰 호응을 받았다. 중등부, 고등부, 청소년과 대학부 청년들을 대상으로 찬양집회도 다양하게 열었다.

다음 세대를 준비하기 위해서는 청소년들을 교회로 인도해야 한다. 한국 사회와 한국 교회의 미래는 청소년들에게 달렸다. 그런데 청소년 시기는 문화에 관심이 많다. 그중에서도 음악은 이들이 가장 친밀하게 느끼는 친구와 같은 존재이다. 청소년 친구들을 위해 러브콘서트, 뉴스타트 찬양집회, 'Come to the Lord' 등 청년찬양집회를 개최하고 교회가 청소년들의 곁으로 한걸음 더 가까이 다가가려고 노력했다. 그 결과 젊은이들은 교회에서 이전까지 느끼지 못한 새로움을 경험했다.

"어? 교회에서도 내가 좋아하는 기타를 치고 드럼도 두드리네!"

"교회가 이렇게 신나고 재미있는 곳인 줄 몰랐어요."

"교회에서는 찬송가만 부르는 줄 알았는데, 복음성가가 이처럼 가슴에 와 닿는 음악인지 처음 알았어요. 딱 내 스타일이에요."

젊은이들을 대상으로 한 찬양집회는 열린문화예배와 연계해 큰 호응을 받았다. 이들은 음악으로 따분하고 재미없다고 생각했던 교회와 쉽게 가까워졌다. 음악이라는 매개체로 성령의 충만함을 뜨겁게 느꼈다.

보성고등학교 강당으로 예배 장소를 옮기며 무대가 넓어지자 원파이브극단 드라마 공연도 크게 활발해졌다. 보성고 강당으로 옮긴 첫해 4월 부활 주일을 맞아 연극 '부활의 증인'을 공연하고 5월 '가정의 달 러브페스티벌'에서는 가족 드라마 '둥지'를 무대에 올렸다. 규모 면에서뿐만 아니라 공연을 정례화해서 설교 주제를 이해하기 쉽게 전달하는 스킷 드라마로서 본래 역할을 다하기 시작했다.

이밖에도 CCM 가수 초청 공연, 물맷돌 발레단 특별 찬양, 국악 선교단 초청 찬양, 이영식 선교사의 모노드라마 공연 등 외부 공연팀을 초청해서 성경을 쉽고 올바르게 이해하게 했다. 성도들의 신앙생활을 돕는 다양한 문화 활동을 펼치며 열린문화예배는 한층 성숙해졌다. 예배 갱신으로

_____ 그레이스 저널

꿈꾸던 신령과 진정으로 드리는, 하나님의 임재가 충만한
예배의 모습으로 점차 변화되었다.

이와 함께 성도들의 신앙생활 가이드 잡지 「그레이스 저
널」을 창간했다. 올림픽상가로 교회를 옮기며 발간한 「우슬
초」의 내용을 보강하고 제호를 바꾸어 2002년부터 발간하
기 시작해서 말씀 메시지, 성도 신앙 간증, 교회 행사 등을
수록해 성도들의 믿음 생활을 크게 돕고 있다.

열린문화예배를 활성화하며 교회는 나날이 부흥했다. 교회 문을 처음 두드리는 사람들은 교회 생활에 거부감을 느끼지 않고 쉽게 적응했고, 전통적인 예배에서 감동과 은혜를 받지 못한 사람들이 열린문화예배에서 성령을 불같이 체험했다. 더불어 교인 수도 많아졌다. 1999년부터 2004년까지 매년 새신자가 300-500명 등록했고, 1999년에는 출석 교인이 1,000명을 넘어섰으며, 2004년에는 2,500여 명에 이르렀다. 오류교회는 보성고 시대를 맞아 하나님이 내리신 축복의 소나기를 맞으며 크게 발전을 이루어 나갔다.

10년간 받은 하나님의 복을 지역 사회와 나누다

1999년은 교회를 개척한 지 10년이 되는 해였다. 그 세월 동안 개인적으로뿐만 아니라 오륜교회도 하나님께 사랑과 축복을 참 많이 받았다. 아무것도 가진 것 없이 광야에서 시작한 안디옥교회가 오늘날 오륜교회로 자리매김하기까지 하나님은 당신의 백성과 함께하시며 구름기둥과 불기둥으로 길을 인도하셨다. 어려운 고비마다 하나님은 임마누엘로 함께하셨다.

그러나 그해 한국에는 IMF 외환위기가 왔다. 온 국민이 경제적 어려움을 피부로 느꼈다. 많은 사람이 실직과 불경기로 낙담하고 지쳐 곤고했다. 오륜교회는 받은 이 사랑과 축복을 많은 사람에게 돌려주고 싶었다. 특히 10년간 받은 과분한 사랑을 지역 사회에서 불우 이웃과 다음 세대를 짊어지고 나갈 젊은이들에게 나눠 주고 싶었다.

그래서 오륜교회는 지역 사회와 이웃에게는 천국 복음으로 희망을, 예수님 믿는 성도들에게는 용기를 북돋아 주기 위해 잔치를 성대하게 준비했다. 오륜교회 설립 10주년 기념행사 준비위원회는 '아름다운 세상'을 주제로 콘서트를 두 번 개최하기로 기획했다. 실직자와 장애인, 결식아동을 위해 사랑의 콘서트를 10대, 20대를 위해 소리엘 라이브 콘트라마를 준비했다. 3월 20일(토)과 21일(일) 올림픽 역도 경기장에서 열린 이 음악회에 이틀 동안 관람객 8,000여 명이 참여해 감상했고 자원봉사 및 기부 참여 의사를 밝혔다.

10주년을 계기로 오륜교회는 성도들만을 위해서가 아니라 교회 밖의 사람들에게까지 사랑을 확장하기 원했다. 신자들을 위해서는 소리엘 라이브 콘트라마로 CCM 가수들이 공연했고, 아직 예수를 믿지 않는 사람들을 위해서는 일반 클래식 가수와 대중 가수들이 함께하는 공연, 사랑의 콘

———— 10주년 기념 예배

서트를 열었다. 믿지 않는 많은 사람이 교회에서 주최하는 행사에 부담 없이 참석해서 지역 사회 봉사에 참여하는 기회가 되었다. 사랑의 콘서트에서 모인 헌금은 실직자와 장애인, 결식아동을 돕는 데 사용했다.

　사랑의 콘서트와 소리엘 라이브 콘트라마는 오륜교회가 지역 사회와 함께한 행사였다. 오륜교회는 이 행사들로 교회가 위치한 강동, 송파 지역에 큰 반향을 일으켰다. 다른 교회에서는 생각지도 못한 시도라고 말한 사람들도 있었고, 오륜교회였기에 가능했다는 칭찬도 들었다. 하나님이 교회에 섬기는 분들을 보내 주셨고, 또 섬기는 분들이 열심히 해 준 덕분에 이렇게 문화 사역에서 앞서갈 수 있었다.

이후에도 지역 사회에 봉사하는 교회로서 실직자들에게 무료 급식을 해 주고 매주 거여동 무지개마을 장애우들을 찾아가 준비해 간 음식을 나누어 주는 한편, 매년 수해 지역을 찾아가 급식 봉사를 한다.

오륜교회는 이 밖에도 10주년을 기념해서 역사를 보여 주는 사진전을 열고 CI를 제정해서 교회의 틀을 잡고 비전을 새롭게 세웠다. CI는 국민일보 화백으로 있던 조대현 집사(현재 조인교회 목사)가 도와주어 만들었다.

CI 즉 이미지 통합 작업으로 오륜교회 목회 철학과 목적을 시각화했다. 믿지 않는 자들이 교회로 찾아오기를 '기다리는' 소극적인 의미가 아니라 이 땅의 문화 속으로 들어가 하나님을 모르는 사람들을 찾아 '건져 내자'라는 적극적인 의미를 CI에 담았다.

오륜교회 상징은 타원형으로 기울어진 원과 그 안에 둥근 원, 비둘기와 닻 모양을 상징화한 그림, 교회명과 오색 막대로 구성했다. 타원형은 복음을 전 세계로 확산시킨다는 의미와 함께 21세기를 책임지고 앞서 나가는 교회 이미지를 담은 것이다. 비둘기로 하나님의 임재와 강한 성령의 역사를 나타냈다. 닻 모양은 영혼의 닻인 예수님을 상징하고 가운데 원은 지구를 뜻하며 파란색으로 살아 있는 예배를 드리는 젊음과 역동성을 표현했다. 특히 오색 막대는 오대양과 오륜교회의 5대 비전을 시각화한 것으로, 올림픽에 있는 신화적 요소와 차별화하기 위해 영문 표기 로고 앞에는 SEOUL이라는 지역명을 표기하도록 했다.

또 교회 설립 10주년을 맞아 담임목사 위임식과 임직식을 진행했다. 장로 5명과 시무권사 11명, 명예권사 3명 그리고 집사 7명이 일꾼으로 세워졌다.

다니엘기도회를 통해
말씀하시는 하나님

하나님은 다니엘기도회에서 드린 응답으로 보성고등학교 강당을 예배 장소로 허락하셨다. 넓은 공간에서 예배드리게 되어 너무나 기뻤고, 장기 계약을 하고 오래 사용하기를 원했으나 하나님은 다른 생각을 하고 계셨다. 임대 계약만 하면 학교 강당이 모두 우리 것인 줄 알았지만 많은 사람이 사용하는 학교 시설의 일부이다 보니 어려움도 따랐다.

동문들에게도 주일에 운동장을 빌려주다 보니 차량이 많이 들어와 주차 문제가 발생하기도 했고, 직원들이 제시간에 문을 열어 주지 않을 때도 있었다. 강당 위층 독서실에서 공부하던 학생들이 시끄럽다고 해서 옥상에 독서실을

_____ 다니엘기도회

새로 지어 주기도 했다. 이렇게 민원이 하나둘 발생하다 보니 임대 계약을 갱신할 때는 연장해야 할지 말아야 할지 학교 측도 입장이 난감한 모양이었다.

하지만 하나님도 이런 상황을 다 아셨다. 오랫동안 보성고 강당을 사용하고 싶었으나 상황이 되지 않은 것이 오히려 전화위복할 기회가 되었다. 보성고 강당에 만족해서 그냥 주저앉았으면 오늘의 오류교회를 이루지 못했을 것이다. 보성고 강당은 우리가 필요한 만큼 선하게 사용하는 곳이지 오류교회가 영원히 사용할 교회 장소는 아니었다. 이런 불편함 속에서 하나님은 성전 건축의 필요성을 느끼게 하셨다.

1998년 12월 1일, 첫 다니엘기도회를 드리고 이어 두 번째 기도회는 1999년 11월 1일부터 열었다. 지난해 기도회 때 은혜와 응답을 많이 받은 성도들은 첫날부터 예배당을 가득 메웠다. 교회에서도 릴레이 금식을 하며, 기도 장소로 본당을 24시간 개방하는 등 준비를 많이 했다. 그런데 기도회를 시작한 지 며칠 지나지 않은 어느 날 기도회 강사 중 한 명이 중대 선언을 했다.

"이번 다니엘기도회가 끝나면 하나님이 성전 건축을 위한 땅을 오류교회에 주실 것입니다."

강사의 갑작스러운 발표에 당황했다. 성전 건축과 관련해서 중요한 문제를 담임목사와 상의도 하지 않고 일방적으로 선포해 버렸기 때문이다. 당시 성전 건축의 필요를 느끼며 기도하고 있었지만, 실제로 준비는 못 하고 있었다. 강사의 예언을 듣고, 나와 성도들은 다니엘기도회 기간에 뜨겁게 기도했다. 전 성도가 하나님께 성전 부지를 달라고 기도드렸다. 그런데 다니엘기도회가 채 끝나기도 전인 1999

년 11월 20일에 부동산 소개소에서 전화가 왔다.

"목사님, 경매로 나온 건물이 있는데 교회 부지로 참 좋을 것 같습니다. 꼭 한번 나와서 보십시오."

이후 일은 모두 하나님이 진행하셨다. 인간의 생각과 능력으로는 도저히 이루어질 수 없는 일이 하나님의 계획 아래 하나하나 풀려나갔다. 하나님은 다니엘기도회를 통해 오륜교회에 말씀하셨다. 교회를 위해 예비하신 계획들을 다니엘기도회에서 약속하시고, 응답하시고, 진행하셨다.

매년 11월 1일부터 21일까지 진행되는 다니엘기도회는 오륜교회의 상징이 되었다. 다니엘기도회에서 하나님이 행하신 일들은 그 수를 헤아리기 어려울 정도이다. 하나님은 다니엘기도회를 기뻐하셨고, 모여서 한마음으로 기도할 때마다 새롭고도 놀라운 일들을 행하셨다. 보성고에서 예배 드릴 길을 열어 주셨고, 기적같이 땅을 구입해서 예배당 완공까지 물 흘러가듯 순조롭게 일을 진행하셨다. 참석한 성도마다 하나님의 임재를 경험하고 문제를 해결 받고 첫사랑을 회복하게 하셨다.

이스라엘 백성이 미스바에 모여 합심으로 기도했듯이,

성도 120명이 마가의 다락방에 모여 한마음으로 기도했듯이, 우리도 한자리에 함께 모여 한마음으로 기도했다. 하나님은 신실하신 분이다. 우리가 부르짖을 때 절대 외면하지 않으신다. 혼자 기도할 때보다 합심해서 기도할 때 하늘에 계신 아버지가 큰일을 행하심을 믿으며 간구했다. 하나님을 구하며 기도할 때, 하나님은 당신이 행하시는 놀라운 일을 보이셨다.

하나님이 역사하신 약속의 땅

부동산 소개소에서 걸려 온 전화를 받고 보성고등학교 건너편에 있는 경매로 나온 건물을 둘러보았다. 강동구 성내동 449-8번지에 있는 이 건물은 동양매직 소유로 488평 부지에 오래된 4층 건물이었다. 성전을 건축하기에는 크기가 좀 작았지만, 그 건물 뒤에 있는 연립 주택까지 사면 좋을 것 같다는 생각이 들었다.

적당하다는 생각이 들어 장로들에게 보여 주었는데 그들도 마음에 든다고 해서 의견 일치로 이 건물을 구입하기로 했다. 당시 이 건물은 경매에서 두 번 유찰되어 세 번째 경매가 11월 29일에 잡혀 있었다. 며칠 후에 세 번째 경매에 들어가기로 했다.

　그렇게 결정하고 다음 날, 다니엘기도회에 온 강사에게서 전화를 받았다. 성전 부지와 관련해서 갑작스럽게 선포해서 본인도 부담을 느끼고 있었는데 일본에 집회를 인도하러 갔다가 기도하던 중에 하나님이 오류교회 성전 부지라며 환상을 보여 주셨다는 것이다.

　"하나님이 오류교회 성전 부지를 저에게 보여 주셨습니다. 올림픽공원이 있고 주위에 펜스가 있었어요. 거기 하얀 건물이 있었습니다."

　그 환상이 너무나 생생해서 강사는 일본에서 돌아오자마자 나에게 전화했다. 그러나 나는 그 말씀을 듣고 깜짝 놀랐다. 그가 이야기하는 건물이 위치는 물론이고, 색깔까지도 매입을 추진하고 있는 건물과 같았기 때문이다.

　강사에게 그간에 있던 자초지종을 나눴다. 다니엘기도회 기간 21일 중 20일째 되던 날에 부동산 소개소에서 경매물을 소개받았으며 며칠 후 열리는 경매에 참여한다고 말했다. 그랬더니 강사는 오류교회가 낙찰받을 수 있도록 경매일까지 금식 기도를 하겠다며 틀림없이 하나님이 교회를

128

위해 예비하신 땅이라고 말해 주었다. 그래서 더욱 확신하고 경매를 추진했다.

경매에 참여할 때는 감정가의 10분의 1에 해당하는 입찰 보증금을 내야 한다. 당시 그 건물 감정가는 63억 원이었는데 두 번 유찰되면서 40억 원대로 내려가 있었다. 그래서 4억 원가량을 입찰 보증금으로 내야 했다. 그런데 경매 날짜는 다가오는데 교회에는 그만한 돈이 없었다. 당시는 상가 교회로 확장해서 빌린 돈을 막 다 갚았을 무렵이었다. 갑자기 이런 일이 생겨서 입찰 보증금을 준비할 일이 막막했다. 장로들과 돈을 마련하기 위해 여기저기 알아보러 다녔다.

그런데 미국에서 국제 전화가 왔다. 상가 교회에 있을 때 새벽기도에 나오던 영락교회 권사였다. 몇 년간 새벽예배 때 보이지 않아 돌아가셨나 생각했다. 권사는 미국 LA에 이민을 갔다고 말했다. 그러면서 오류교회에 헌금하고 싶다며 은행 계좌 번호를 물었다. 그리고 그다음 날에는 우리 교회에 가끔 나오는 타 교회 성도가 집을 판 돈을 보냈다.

참으로 감사한 일이었다. 하나님은 필요할 때 필요한 만큼 하나님의 사람을 통해 공급하셨다. 오륜교회 성도도 아니라, 전혀 뜻밖의 인물을 통해 예상치 못한 방법으로 준비해 주셨다.

입찰 보증금을 마련했지만 마음이 놓이진 않았다. 경매에 단독으로 들어가지 못하면 경쟁이 붙어 금액이 올라가는데 자금이 넉넉하지 못하기에 낙찰받을 수 없는 상황이었다. 단독으로 경매에 들어가기를 간절히 기도했다. 경매 하루 전 강사에게서 다시 전화가 왔다. 기도하다가 하나님이 들려주신 음성을 전해 주었다. 하나님은 강사를 통해 오륜교회가 3차 경매에 들어가고 우리가 입찰에 들어올까 우려하는 한 종교 단체가 이번에 들어오지 않고 4차 경매에 들어온다고 말씀하셨다. 이 종교 단체는 우리가 경매로 사려는 건물 바로 옆에 건물을 지어 입주해 있었다. 건물을 확장하기 위해서는 경매로 나온 이 곳을 사들여야 했다. 우리는 많은 사람이 경매에 몰릴 것을 우려해서 조용히 일을 추진하고 있었기 때문에 이런 사실을 그 종교 단체에 물어볼 수도 없었다.

11월 29일 경매일, 경매에는 나를 비롯해 장로과 교인 몇몇이 참석했다. 경매장에 들어가는 순간까지 기도하고 또 기도했다.

"하나님, 하나님의 인도하심을 따라 여기까지 왔습니다. 하나님이 저희 사정을 잘 아시니 오류교회를 이 자리에 세우시려거든 단독으로 입찰하게 해 주십시오."

경매 결과로 오류교회는 건물을 낙찰받았다. 기도하며 바랐듯이 정말 오류교회만이 단독으로 경매에 참여해 최저가로 41억 2,000만 원에 낙찰받았다. 우려한 경쟁 입찰은 없었고, 하나님은 기도한 그대로 이루셨다. 감사 찬송이 저절로 나왔다.

"할렐루야! 오, 하나님 감사합니다."

오류교회가 경매에서 건물을 낙찰받은 사실이 알려지자 그 종교 단체는 발칵 뒤집혔다. 이들은 3차 경매에도 참가하는 사람이 없어 유찰하리라 생각하고, 4차 경매에 들어갈 준비를 했기 때문이다. 그 종교 단체 말고도 두 사람이 더 나를 찾아와 자기들이 네 번째 경매에 참가하려고 계획했는데 어떻게 교회에서 먼저 차지했느냐며 이익을 좀 남기고 자기들에게 팔라고 종용했다. 물론 그렇게 할 수는 없었다.

낙찰받았다고 마음을 놓을 상황은 아니었다. 받았다 하더라도 한 달 안에 채권자가 빚을 다 갚아 버리면 경매가 취소되기 때문이다. 그 종교 단체는 동양매직 본사와 주거래 은행을 찾아가 자신들이 돈을 다 갚아 줄 테니 건물을 자신들에게 넘겨 달라고 했다. 주거래 은행만 담보를 잡았으면 그들이 원하는 대로 쉽게 되었겠지만, 그 건물은 신용보증기금 등 금융 기관 대여섯 군데에서 담보가 잡혀 있었다. 그 돈을 다 상환해야 건물을 차지할 수 있었다. 우리는 경매로 싸게 낙찰을 받았지만 그 종교 단체가 여러 은행에 걸려 있는 부채를 모두 상환하려면 훨씬 많은 돈을 갚아야 했다. 아무리 현찰이 많은 곳이라도 모든 부채를 다 짊어지고 건물을 살 수는 없는 노릇이었다. 그 종교 단체는 여러 경로로 방법을 알아보다가 결국 건물을 포기했다.

이제는 우리가 문제를 해결할 차례였다. 경매에 참가하며 전체 매입 금액에서 10%를 입찰 보증금으로 냈지만, 여전히 잔금 90%가 남았다. 35억 원이 넘는 금액이었다. 쉽게 구할 수 있는 액수가 아니었다. 상가 교회를 판다고 하더라도 턱없이 모자랄 뿐만 아니라 상가가 곧바로 나갈 리 만무했다. 잔금을 치르려면 은행에서 대출을 받아야 했다. 지금은 금융권에서 교회에 대출을 많이 해 주지만, 그때까지만 해도 은행에서 교회를 상대로 대출을 해 주지 않았다. 교회 성도 가운데도 은행 지점장이 여섯 명 있어서 그 성도들에게 물었지만 모두 도저히 안 된다고 대답했다.

그런데 어느 날 한 여성이 교회로 찾아왔다. 자신이 한미은행 경기도 분당 정자동 지점장이라고 했다.

"오류교회가 성전 부지를 확보하려고 대출받기를 원한다는 이야기를 들었습니다. 기독교인으로서 오류교회에 좋은 일을 하고 싶습니다. 현재 우리 은행도 타 은행과 마찬가지로 교회를 대상으로 한 대출 제도가 없습니다. 하지만 제 생각에는 대출받지 못할 이유가 없다고 생각합니다. 제가 적극적으로 나서 보겠습니다."

하나님이 보내신 천사나 다름없었다. 모든 은행이 불가능하다고 하는 일을 하겠다고 했다. 우리는 은행에서 요청하는 서류를 모두 갖추어 제출했다. 그런데 잔금 마감 기한 1주일을 남기고 은행 대출 담당 본부에서 허락하지 않는다고 연락을 받았다. 다시 하나님께 매달렸다. 대출받지 못하면 경매 참가금을 날릴 뿐만 아니라 성전 건축도 물거품이 되는 상황이었다.

그런데 사흘 후, 대출 심사가 허락되었다고 연락을 받았다. 이분이 대출 심사 부서를 찾아가 이렇게 당당하게 말했기 때문이다.

"이곳에 예수 믿는 사람이 아무도 없습니까? 내가 책임진다는데 왜 못 해 준다고 합니까?"

이분이 기어이 해냈다. 그 뒤에는 하나님이 든든히 서 계셨다. 그렇게 무사히 잔금을 치렀다.

경매로 매입한 빌딩은 면적이 490여 평밖에 안 돼서 성전 건축을 위해서는 뒤편에 있는 449-7번지 연립 주택을 사야 했다. 진보연립은 부지 면적이 342평으로 18세대가 살았다. 그런데 이곳은 이미 예전부터 교회와 인연이 깊었다. 안디옥교회 시절 이 지역에 큰 물난리가 났을 때 교인들이 연립 지하에 사는 세입자들에게 김치를 만들어 나눠 주었기 때문이다. 옛날 기억을 떠올리며 하나님이 주관하시는 은혜의 고리가 연결되고 연결되어 오늘 여기까지 이르지 않았나 하는 생각이 들었다.

동양매직 건물을 얻으려고 경매에 들어가기 전에 부동산 업자에게 알아보니 연립 18세대 가운데 두 채는 경매로, 한 채는 일반 매물로 나와 있었다. 경매로 나와 있는 물건은 8,400만 원과 8,600만 원에 각각 낙찰받고, 매물로 나온 한 채는 1억 400만 원에 미리 사두었다. 세 채를 확보하고 암암리에 한 채씩 사들이면 연립 전체를 싸게 살 수 있으려니 생각했다. 그래서 다른 입주자들이 눈치채지 못하게 교역자 이름으로 집을 샀다. 그러나 어리석은 생각이었다. 아무리 열다섯 채를 싸게 사도 공동주택이기에 나머지 세 채를 비싸게 사든지 주인이 팔지 않으면 아무 소용이 없었다. 그때는 이 사실을 미처 알지 못했다.

우리가 낙찰받은 건물을 원했던 종교 단체는 경매로 나온 건물을 놓치자 적극적으로 연립 주택을 사려고 했다. 당시 시가 1억 원짜리 연립을 2억 원에 사겠다고 했다. 입주자들은 너나 할 것 없이 모두 양도 증서에 도장을 찍었다. 그런데 세 가구만 도장을 찍지 않자 결국 교회가 그 세 가구의 주인임이 드러났다.

주민들은 재건축 이야기를 끄집어내며 교회를 압박했다. 앞 건물을 경매로 사들이더니 연립까지 모두 손에 넣으려 한다며 교회가 소유한 세 채를 자기들에게 각각 1억 5,000만 원씩에 팔아넘기든지 아니면 교회가 자신들 집을 2억 원에 매입하라고 했다. 그러나 당시 교회 상황은 경매로 받은 건물을 위해 대출을 받은 터라 그럴 형편이 못 됐다. 언젠가는 연립을 사겠지만 지금은 여유가 없다고 양해를 구했다.

그들은 그때까지 기다릴 수 없었다. 그 집 한 채가 자신들 목숨과도 같다며 항의했다. 꽹과리를 치며 교회 안으로 들어가겠다고 하기도 하고, 어떤 사람은 술에 취해 상가 교회로 찾아와 시너를 뿌려 불을 지르겠다고 협박하기도 했다. 당장 매입하라는 그들과 나중에 사겠다는 교회가 맞서 실랑이하며 힘든 상황이 계속되었다.

그러다 생각을 바꾸었다. 상대가 교회인 것을 이용해서 시세보다 터무니없이 가격을 높게 받으려고 한다면 잘못된 일이다. 또 연립을 매입할 형편이 되지 않지만, 그들이 계속 교회에 적대 감정을 품고 이를 행동으로 옮기면 서로에게 상처일 뿐만 아니라 하나님이 보시기에도 선하지 않을 것으로 생각했다. 그래서 당회를 열고 연립 주택을 모두 매입하기로 했다. 열다섯 가구 모두가 한꺼번에 양도 계약서에 도장을 찍어 오면 가구당 1억 7,000만 원에 매입하겠다고 제시했다. 그러나 한 가구가 반대해서 결국 14세대와 매매 계약을 체결해야 했다.

남은 한 가구는 1년 후에도 나가지 않았다. 수차례 매도하라고 이야기했지만 요지부동이었다. 한 가구가 남아 있는 상태에서 성전 건축을 진척할 수 없었다. 2001년 12월 1일 제4차 다니엘기도회를 시작하며 남은 한 가구가 하루빨리 마음을 바꾸도록 전 교인이 합심해서 기도했다.

역시 기도의 힘은 강했다. 어려움을 당할 때 원망하며 불평하거나 탄식하지 말고 여호와 하나님께 부르짖어야 한다. 하나님은 부르짖는 사람의 기도에 응답하시기 때문이다. 어제나 오늘이나 영원토록 변치 않으시고 기도를 들어주신다. 하나님은 오류교회 성도들의 간절한 기도를 들으시고 한없이 단단할 것만 같던 집주인의 마음을 돌려주셨다.

2001년 12월 6일 오류교회는 비로소 연립 주택 부지

342평을 완전히 매입했다. 하나님은 1999년 11월에 드린 다니엘기도회에서 성전 건축 비전을 보여 주셨고, 2001년 12월 또다시 다니엘기도회에서 성전 부지 확보 과정을 마무리하셨다. 2년간 전 과정을 직접 주관하셔서 오게 하신 이곳은 하나님이 역사하신 약속의 땅이었다.

07

성전 건축을 주관하신
여호와 이레 하나님

2002년 12월 1일 제5차 다니엘기도회를 시작하기에 앞서 12월 1일 오전에 성전 건축을 위해 철거 예배를 드렸다. 그동안 경매로 낙찰받은 동양매직 건물은 개혁신학연구원에 일부 임대를 하는 한편, 주일학교를 위해 교육관으로 사용했다. 철거 공사를 다니엘기도회 기간에 진행해서 완료하고, 기도회를 마친 12월 22일 주일 오후 2시 건축 현장에서 많은 성도가 참석한 가운데 새성전 착공예배를 드렸다.

제5차 다니엘기도회에서는 성전 건축을 위해 기도드려서 기간 내내 기도의 열기가 무척 뜨거웠다. 교인들은 성전 부지 예언부터 경매를 통한 낙찰과 진보연립 매입 등 성전 착공에 이르기까지 전 과정에서 하나님이 개입하신 역사를 체험했고 성전 건축에도 하나님이 섭리하셔서 어려움 없이 순조롭게 진행되기를 한마음으로 기도드렸다. 두 해 동안 진행할 교회 건축을 안전하게 시공하고, 좋은 업체와 필요한 재정과 준비된 사람들을 보내 달라고 하나님께 간구했다.

설계도가 나와 땅을 파고 공사를 막 시작할 무렵이었다. 주차장 예정지 입구 쪽에 식당 건물 2동(현재 옥외 주차장 자리)이 있었는데 건물 주인이 식당을 내보내고 상가를 지으려고 한다는 이야기를 들었다. 거기다 상가를 지으면 교회 주차장 입구와 맞붙어 성전 완공 후 마찰이 클 것이라고 예상했다. 그래서 두 건물을 매입했다. 건물주를 설득하고 수협에서 부랴부랴 대출을 받아 320평 건물 447-5번지와 447-20번지를 사들였다. 1999년 경매로 건물을 매입할 당시에는 교회 대출이라는 개념이 없었지만, 이때는 은행들이 서로 대출해 주려고 할 때라 돈을 구하는 데 어려움이 없었다. 하지만 당시 경매 건물과 연립을 매입하며 받은

_____ 건축 현장 기도회

대출금이 17억 원 정도 남아 있어서 빚이 50억 원가량으로
불어났다. 건물을 짓기도 전에 부지 마련에만 이렇게 큰돈
을 빌렸다. 대한민국에서 땅값으로만 50억 원을 빚져서 지
은 교회는 아마 우리뿐일 것 같았다.

　그렇다 보니 하나님에게 매달렸다. 매주 목요일 저녁 9
시에 건축 현장에서 교인들이 모여 기도회를 했다. 터 파기
공사 때부터 시작한 기도회를 완공 때까지 계속했다. 콘크
리트 시공을 한 바닥에 스티로폼을 깔고 기도회를 하기 시
작해서 지하 4층부터 건물이 한 층씩 올라갈 때마다 교인

들도 따라 올라가며 현장에서 기도드렸다.

교회는 사람의 지식이나 물질로 짓는 것이 아니다. 성도의 눈물과 무릎으로 지어진다. 성도들의 눈물과 무릎으로 지어져야 하나님께 영광이 되는 교회가 되고 성전 건축 이후에도 시험에 들지 않는다. 하나님은 눈물로 기도했던 유다 왕 히스기야의 기도를 들으시고 그의 소원을 이루셨다.

"너는 가서 히스기야에게 이르기를 네 조상 다윗의 하나님 여호와께서 이같이 말씀하시기를 내가 네 기도를 들었고 네 눈물을 보았노라"(사 38:5).

히스기야를 죽을병에서 고쳐 주신 하나님은 오류교회 성도의 기도를 들어주셨다. 하나님은 우리 눈에서 흐르는 눈물을 보셨다.

성전 건축을 시작하며 성도들에게 비전 기도 작정을 권했다. 성전 건축과 하나님이 각자에게 주신 꿈과 비전이 이루어지기를 갈망하며 성도 750명이 동참해서 기도 시간을 정해 매일 1시간씩 기도드렸다. 매일 700명이 넘는 성도가 하루에 한 시간씩 눈물을 흘리며 한마음으로 간절히 기도하면 하나님이 기뻐하실 게 분명했다. 하나님은 성도들이 이렇게 눈물로 드린 기도를 들으시고 크고 놀라운 일을 예비하셨다.

하나님은 건물이 완공될 때까지 경제적 어려움은 물론 어떤 차질도 없이 물 흘러가듯 공사를 이끄셨다. 한 달만 공사를 늦게 시작했어도 당시 전국 건설 현장을 휩쓸던 철근 파동으로 문제가 생겼을 것이다. 2002년 갑작스러운 건설 경기 활황으로 철근값이 급등해서 많은 현장에서 철근을 구하지 못해 발을 동동 굴렀으나 오류교회는 그 파동을 비껴가게 하셨다.

또한 불꽃같은 눈으로 항상 건설 현장을 안전하게 지키셨다. 건설 현장에서는 수많은 자재와 기술이 일정에 따라 사람 손에 의해 움직인다. 연인원 3만 5,000명이 집중적으로 투입되는 현장에서 단 한 사람도 못에 찔리지 않도록 눈동자처럼 보호하셨다. 전 현장 인력이 가족같이 화합해서 말썽 없이 일을 진행하게 하셨다. 수많은 난관이 기적처럼 미리 준비되고 풀어짐을 보면서 하나님께 감사 기도를 드릴 수밖에 없었다.

한번은 공사 현장에 태풍이 왔다. 당시 옥상에는 외부 공사 진행을 위해 비계를 설치하고 추락 방지 공사를 한 상태였다. 그런데 바람 압력이 워낙 거세다 보니 설치물이 기울어지고 있었다. 이 시각 하나님은 건축위원장 송병화 장로와 건축본부장 정우택 집사를 건축 현장으로 이끄셨다. 이 두 사람에게 같은 마음을 주셨다. 주일 저녁이라 아무도 없는 옥상 현장으로 이 두 사람의 발길을 인도하셔서 급히 조처하게 하셨다. 시설물이 부러져서 추락했다면 그 일대가 온통 아수라장이 되고 자칫 인명 사고로 번질 수도 있었다.

교회 십자가를 세울 때도 하나님은 만드는 손길을 지켜 주셨다. 오류교회 십자가는 9미터짜리 정교한 철골 구조물로, 단 하나라도 크기가 맞지 않으면 전체가 이루어지지 않았다. 지방 현장에서 십자가를 제작하는데, 하나님은 정우택 집사의 발길을 그쪽으로 인도하셨다. 완성된 십자가를 납품 받으면 그만이었지만 그날따라 이상하리만큼 제작 현장에 가고 싶은 마음을 주시고 십자가를 설계한 한상운 집사와 함께 멀리 지방 현장으로 가도록 발길을 인도하셨다.

도착해 보니 이미 철근을 한 다발 절단했는데 설계도와 크기가 달랐다. 이 사실을 알고 곧바로 절단을 중지시켰다. 하루만 더 늦었다면 3톤이나 되는 재료에서 절반 정도를 버릴 뻔했다. 제작사 직원이 도면을 잘못 보고 실수한 것이다. 이 일로 하나님의 임재가 오류교회 건축 현장을 지키심을 다시 한번 통감했다.

하루는 공사 먼지를 막으려고 설치한 차단막에 용접 불꽃이 튀어 불이 붙은 천이 종교 단체 건물 쪽으로 날아들었다. 종교 단체에서는 이에 놀라 물을 뿌리고 수선을 떨었지만 우리에게 항의하지 않았다. 나중에 알고 보니 그 종교 단체가 건물을 지을 때 주변에서 민원이 너무 많이 들어와 애를 먹었다고 한다. 그 바람에 자신들은 어떤 건물이 옆에 들어오더라도 절대 민원을 제기하지 말자고 다짐했다고 한다. 이 또한 감사한 일이었다.

오류교회 성전 건축은 시작부터 끝까지 하나님이 주관하셨다. 한 건의 안전사고도, 경제적인 어려움도 없이 공정대로 공사를 마무리해 주셨다. 예비하고 준비하시는 가운데 치밀하게 진행하셨다. 우리는 그저 이끄시는 대로 따라가

기만 했다. 하나부터 열까지 세세하게 하나님이 관여하고 해결하셨다. 모리아 산에서 숫양을 번제물로 준비하신 여호와 이레 하나님을 성전 건축을 통해 깊이 체험했다.

08

기도로 지은 교회

오류교회의 새 성전 건축은 다니엘기도회와 더불어 시작했다. 1999년 제2차 다니엘기도회 기간 동안 성전 건축을 예언하시고 성전 부지를 마련하도록 길을 여셨다. 2001년 제4차 다니엘기도회에서 진보연립 부지 342평을 온전히 우리 손에 넘겨주셨다. 2002년 제5차 다니엘기도회 기간에는 건물 철거와 성전 착공이 이루어지게 하셨다. 오류교회 성전은 다니엘기도회에서 주신 하나님의 선물이었다.

오류교회 성도들은 성전 건축 예언을 받고 1999년부터 성전이 완공된 2004년까지 잠시도 기도의 끈을 놓지 않았다. 성도들은 삼삼오오 모여 기도원에 가서 기도드리기도 했고, 산에 올라가 기도하는 팀들도 있었다. 목요일마다 경기도 가평의 설곡산기도원을 찾아가 기도를 드렸다. 오후 2시에 교회에서 출발해 기도원에서 간단히 저녁 식사를 하고 초저녁에 산으로 올라가면 새벽 1시나 2시경까지 기도하다가 내려오곤 했다. 그리고 이튿날 아침 식사를 하고 다시 산으로 올라가 기도하고 교회로 돌아와 금요 심야 기도회를 인도했다.

이 산기도는 비가 오나 눈이 오나 빠트리지 않았다. 비가 오면 우비를 걸치고 산에 올랐으며, 눈이 오는 날에는 두꺼운 방한복을 챙겨 입고 눈을 맞으며 기도드렸다. 산기도에는 여러 장로, 권사, 집사가 함께 참여해서 성전 건축이 물 흐르듯이 계획대로 진행되도록 눈물로 하나님께 간구했다. 직장 일로 바쁜 남자 집사들은 퇴근하고 가까운 청계산을 찾아가 기도드리기도 했다.

1999년 12월에 시작한 성전 건축을 위한 120일 금식 기도를 비롯해 전 교인이 참여한 가운데 매월 자신의 생일과 같은 날에 드린 금식 기도, 2000년부터 매년 2주간 드린 전 교인 특별 새벽기도회, 2002년 착공과 더불어 실시한 목요

건축현장 기도회와 성도 750명이 참가한 비전 기도 등 오류교회에서 기도의 불씨는 잠시도 꺼지지 않고 활활 타올랐다.

오류교회 새 성전은 온전히 기도의 힘으로 지었다. 하나님은 기도 가운데 우리에게 보여 주시고 길을 알려 주시고 명령하셨다. 나와 성도들이 한 일은 오직 기도로 구하고, 순종하는 일뿐이었다.

제4장

2004
~
2009

오륜비전센터의 문을 열다

꿈인가 생시인가

2004년 11월 28일 추수감사주일은 평생에 가장 잊을 수 없는 날이다. 이 날 새 성전에서 처음으로 예배를 드렸다. 얼마나 가슴 벅차고 기쁜 날인가. 전날에는 밤잠을 잘 이루지 못했다. 공사가 마무리되는 모습을 둘러보랴 추수감사절 예배를 준비하랴 며칠 전부터 바쁜 일정을 보낸 탓에 무척 피곤했지만 아침 일찍 눈이 뜨였다.

준비를 마치고도 시간이 많이 남았지만 교회로 향했다. 차가 올림픽공원 사거리로 들어서자 먼동이 트는 사이로 '오륜비전센터'라고 적힌 교회 건물이 시야로 들어왔다. 하나님이 계획하시고 오륜교회에 허락하신 성전이 그렇게 아

_____ 오류비전센터

름다울 수가 없었다. 하나님도 아름답게 여기시리라 생각
하니 가슴 밑바닥에서부터 은혜가 물결처럼 차고 넘쳐 온
마음을 따뜻하게 적셨다.

"오, 주님! 꿈만 같습니다."
감사의 찬양이 입에서 저절로 나왔다.

엘리베이터를 타고 10층으로 올라갔다. 이른 아침이라
확 트인 넓은 체육관이 고즈넉하기까지 했다. 세상의 유혹에 휩쓸리지 않고 이곳 예배당에서 마음껏 뛰놀 청소년들을 생각하니 마음이 흐뭇했다. 계단을 따라 한 층씩 내려오며 각 층을 둘러보았다. 제각각 용도에 맞게 잘 갖춰진 방들과 넓은 공간들을 보며 이 아름다운 교회가 이 자리에 세워지기까지 있었던 일들이 주마등처럼 떠올랐다. 하나님이 우리 가운데 행하신 놀라운 일들, 기적적으로 허락하신 그 땅 위에 교회 건축을 시작해서 안전사고 한 건도 없이 공정대로 건축을 진행한 일 등, 이 모든 일은 그냥 이루어지지 않았다. 하나님이 기도를 들으시고 크고 놀라운 일을 행하셨다. 실로 꿈만 같았다.

추수감사절 예배는 그 어느 때보다 경건하게 온 성도가 기쁨으로 하나님께 경배와 찬양을 드렸다. 이게 꿈인가, 생시인가? 비좁은 상가에서 우리를 이끌어 내어 이제 보성고 강당 시대를 마감하게 하시고 넓고 아름다운 예배당을 허락하신 하나님. 마음껏 목청을 높여 하나님을 찬양했다. 그토록 원하던 다양한 열린문화예배와 여러 새로운 교육 프로그램들을 새 성전에서 시간과 공간의 제약을 받지 않고 진행할 수 있게 되었다. 더 나아가 한국 교회와 다음 세대를 섬기는 교회로 발돋움하게 되었다.

첫 예배 시간부터 하나님이 이처럼 좋은 곳에 아름다운 예배당을 허락해 주심은 우리만을 위해서가 아니라고 성도들에게 강조했다. 한국 교회를 회복하고 다음 세대를 준비하기 위한 일에 우리 교회를 아낌없이 바쳐야 한다고 말이다. 그러므로 공간 사용이 조금 불편하더라도 넓은 마음으로 이해해야 한다고 말했다.

한 달 정도 지난 2004년 마지막 주일인 12월 26일 오후 2시 비전홀에서 전 교인과 입당예배를 드렸다. 설교는 고(故) 옥한흠 목사(사랑의교회 설립자)가 했고, 총회장 홍정이 목사(現 안디옥교회 원로목사)와 수도노회장 유철수 목사(천광교회)가 축도와 기도를 각각 했다. 이외에도 총회 소속 많은 목사가 참석해서 오륜교회 준공을 축하했다.

축하 영상은 우리 교회 송재호 장로와 강사로 왔던 황수관 장로, 이희호 여사(김대중 전 대통령 부인)에게 부탁했다. 신동우 강동구청장도 입당예배에 참석해서 축사를 했다. 강동구청장에게 축사를 부탁한 이유는 오륜교회 예배당이 교인들만을 위한 장소가 아니라 지역 사회를 위한 역할도 감당해야 한다고 생각했기 때문이다. 온 성도가 하나님의 크신 은혜로 세운 교회로 지역 사회와 한국 교회를 섬긴다는 마음으로 함께 하나님께 감사하며 입당을 축하했다.

교회 문턱을 낮추다

흔히 교회를 이야기할 때 뾰족한 첨탑과 단단한 화강암이나 벽돌로 쌓아 올린 높다란 벽, 주물 손잡이가 달린 육중한 문 등이 떠오른다. 이것은 오랫동안 내려온 전통적인 교회의 모습이다. 경건함과 권위에 압도되어 일반인들이 다가가기가 쉽지 않다. 교인들도 주일날 예배를 드리는 장소로만 생각할 뿐 일상생활에서 친근하게 이용하기가 어렵다.

21세기 교회는 권위와 거룩을 상징하는 기존 전통적인 모습을 벗어나 새로운 가족 공동체와 문화적 공간으로도 기능해야 한다는 것이 내 목회 철학이다. 이런 내 생각을 반영해서 기존 전통적인 교회 건물이 아니라 문화 공간으로도 기능하도록 오륜교회의 설계를 부탁했다. 전통 교회의 고전미를 추구하기보다 현대 감각에 맞는 공간으로 만들었다. 그래서 오륜교회는 외관부터 크게 다르다.

교회를 우리 교인만을 위한 공간으로 짓지 않았다. 한국 교회 모든 목회자와 성도를 섬기며 지역 사회 주민도 이용하도록 열린 공간으로 건축했다. 그래서 먼저 건물 이름을 교회 명칭이 아니라 모든 사람이 함께 공유하도록 지었다. 오륜비전센터라는 이름에 지역 사회와 눈높이를 맞추려는 교회의 생각을 담았다. 불신자들도 부담을 갖지 않고 교회에 드나들도록 하기 위함이다.

오륜교회는 지방과 서울, 수도권에 있는 사람들이 쉽게 찾아오는 지역에 있다. 경부고속도로와 중부고속도로, 서울 외곽순환도로를 이용해 서울로 들어오는 입구이며, 올림픽공원이 한눈에 보이는 70m 대로변에 있어 누구든지 쉽게 찾아올 수 있다. 이러한 지리 조건과 교통 여건을 갖추어 많은 사람이 참가하는 세미나와 훈련 장소로 안성맞춤이다. 그래서 오륜교회를 한국 교회에 봉헌한다는 각오로 성전 건축을 진행했다. 한국 기독교 활동과 행사를 위한 센터로 쓰임 받기를 바랐다. 성도들에게도 이러한 계획을 꾸준히 주지함으로 이해와 동의를 구했다.

오류교회가 추구하는 열린문화예배와 문화 사역이 새 성전에서 제대로 실현되기를 꿈꾸었다. 새성전은 10층 규모로 대형 건물이어서 얼핏 보면 교회 같지가 않다. 업무용 건물 같은 느낌을 주어 누구든 쉽게 들어오도록 교회 문턱을 낮추었다.

1층 그레이스홀은 예배 공간과 함께 결혼 예식 공간으로 사용하도록 설계했다. 예배가 없는 평일과 토요일에는 지역 주민들에게 결혼 장소로 무상 제공한다.

2층에서 4층까지는 대예배실로 사용하는 비전홀이다. 이곳은 2,100여 석으로 문화 공간으로서의 특징을 최대한 살렸다. 실내 장식뿐만 아니라 조명과 음향 시설 또한 일반 공연장 이상으로 잘 갖춰져 있다. 단상에는 고정 설치물들이 없다. 강대상도 언제든지 내려서 공연할 수 있다. 단상의 바닥도 카펫이 아니라 나무를 깔았다. 카펫 위에서는 발레와 같은 무용을 할 수 없기 때문이다.

5층에는 도서관과 독서실이 있다. 도서관에는 신앙 서적과 교양서적들을 비치해서 누구나 와서 책을 읽고 빌릴 수 있다. 독서실에는 사설 독서실처럼 칸막이를 두고 청결하고 아늑한 학습 공간으로 꾸몄다.

6층 갤러리 카페 토비아스는 작품 전시장과 쉼터로 사용하는 문화 공간이다. 화가나 화가 지망생들에게 전시 공간으로 개방하며, 불신자들도 만남의 장소로 자주 찾아와 차를 마신다. 로뎀홀은 지역 사회 주민들이 문화의 향기를 마음껏 즐기는 공간이다. 그런데 이곳을 운영하는 데 전혀 문제가 없지는 않았다.

한 번은 인근 중고등학교 미술 교사들이 합동으로 그림 전시회를 열고 싶다며 대관 요청을 해왔다. 교회는 흔쾌히 그 전시회를 허락했다. 그런데 나중에 알고 보니 네 분 선생님 중에서 한 분이 전시한 그림이 누드화였다. 이 문제로 우리는 잠시 고민했지만 이미 계약한 이상 전시하지 않을 수 없었다. 전시 기간 2주 동안 혹시 교인들에게 은혜가 되지 않는 일이 일어나지 않을까 걱정했다. 그러나 많은 불신자가 교회를 방문하며 전시회를 관람해서 오히려 그들을 교회로 초대하는 좋은 기회가 되었다. 문턱을 낮출 때 믿지 않는 사람들도 교회에 첫발을 내디딜 수 있었다.

_____2~4층 대예배실 비전홀

_____6층 도서관

_____ 6층 로뎀홀 카페(토비아스)

_____ 10층 체육관

10층은 체육관이다. 농구대와 탁구대, 배구와 배드민턴을 칠 수 있는 네트 시설이 있다. 인근 청소년들이 찾아와 농구하기도 하고 지역 주민들이 탁구와 배드민턴 시설을 이용하기도 한다.

새 성전으로 들어오면서 오륜교회 로고도 새롭게 바꾸었다. 축제 분위기 예배와 성령의 역동성, 예수 그리스도의 구속 사역을 로고에 담고자 했다. 원은 지구를 뜻하며, 특히 파랑색은 살아 있는 예배를 드리는 젊음과 역동성이 있는 오륜교회를 상징한다. 원 안에는 인류를 구원하기 위해 십자가에 달리신 예수님, 돌아온 탕자를 맞이하러 나가시는 아버지의 뒷모습, 구원받은 백성들로 인해 기뻐하며 춤추시는 예수님 모습, 하나님의 임재 속에 춤추며 행복해하는 모습의 그리스도인을 담았다. 특히 로고에서 예수님이 두 팔을 활짝 벌리며 기뻐하시는 모습을 보면 세상을 향해 수많은 영혼을 초대하시는 듯하다. 많은 영혼에게 전도하려면 세상으로 들어가 세상 문화를 이해하고 그 속에서 복음을 증거해야 한다. 이처럼 교회 로고에도 문화 메시지를 담았다.

_____ 오륜교회 로고

　오륜비전센터는 폐쇄된 공간이 아니라 열린 공간이다. 성도들만의 공간이 아니라 누구든지 들어와 이용하고 모두가 함께 호흡하는 문화 공간이다. 그러다 보니 불신자들이 많이 드나드는 교회가 되었다. 불신자들이 교회에 들어올 때는 첫걸음이 어렵다. 몸을 낮추어 그들의 첫걸음을 가볍게 하는 교회, 우리는 오륜비전센터를 통해 이런 교회를 꿈꾼다.

부흥의 불길 타오르게 하소서!

2004년 마지막 주일, 새 성전에서 입당예배를 드리고 2005년부터 본격적으로 오륜비전센터 시대를 시작했다. 새해를 맞는 감회가 예전과는 달랐다. 새 성전에서 기쁨과 감사로 찬양만 부르고 있을 수만은 없었다. 하나님이 오륜교회에 이렇게 크고 좋은 성전을 주신 데에는 분명 미래에 대한 계획이 있을 터였다.

한국 교회를 섬기기 위해서 그동안 갈망하며 계획했던 여러 행사와 프로그램을 준비하는 동안 가장 먼저 일할 사람 즉 일꾼이 필요함을 절감했다. 당시 교회는 15년으로 역사가 짧았지만 하나님의 은혜로 꾸준히 성장해서 장년

2,100여 명, 청년 100여 명, 중고등부 200여 명, 아동부 300여 명 등 전체 성도 2,700여 명이 매주 예배를 드리고 있었고, 목사 9명과 전도사 9명 등 교역자 18명이 헌신적으로 교회를 섬겼다. 하지만 하나님의 더 큰 일을 감당하기 위해서는 성령으로 무장한 일꾼이 더 많이 필요했다. 그래서 2005년 교회 표어를 '부흥의 불길 타오르게 하소서!'로 정했다. 한국 교회를 살리는 놀라운 부흥의 불길이 우리 교회에서 일어나기를 간절히 소망하며 이 표어를 만들었다.

사람들은 교인이 많아지고 교회 재정이 늘어나며 교회 건물이 커지면 부흥이라고 생각한다. 그러나 이는 단지 부흥의 결과일 뿐 부흥 그 자체라고 말할 수는 없다. 1907년 제2의 예루살렘이라 일컫는 평양에서 놀라운 대부흥이 일어났다. 정말 놀라운 역사였다. 그런데 평양대부흥운동 이후 교인 수가 늘었을까? 많은 사람은 늘었으리라 생각하지만, 도리어 감소했다. 왜냐하면 영적인 대각성이 일어나 기존에 믿던 사람들이 회개하고 신앙 갱신을 이루는 역사가 일어났기 때문이다. 그러자 교회에서 정치적인 힘을 얻으려 했거나 나라를 독립시키려고 교회에 들어온 많은 사람이 실망하고 교회를 떠나는 현상이 나타났다. 이는 교회의 부흥이 교인 수 증가에 있지 않음을 말해 준다.

그러면 부흥이란 무엇일까? 부흥은 영적으로 호흡하기 힘든 상태에 있는 사람이 숨을 쉬게 돕는 것이다. 에스겔이 골짜기에 있는 마른 뼈들에 생기를 불어넣어 큰 군대를 이뤘듯이 하나님의 성령이 임하셔서 죽은 영혼이 살아나고 소생하게 됨을 말한다. 그러므로 부흥은 하나님의 임재를 경험하고, 성령의 권능으로 변화된 삶을 사는 것이다.

"또 내게 이르시되 인자야 너는 생기를 향하여 대언하라 생기에게 대언하여 이르기를 주 여호와께서 이같이 말씀하시기를 생기야 사방에서부터 와서 이 죽음을 당한 자에게 불어서 살아나게 하라 하셨다 하라 이에 내가 그 명령대로 대언하였더니 생기가 그들에게 들어가매 그들이 곧 살아나서 일어나 서는데 극히 큰 군대더라"(겔 37:9-10).

2005년 우리 교회에 놀라운 부흥의 불길이 타오를 수 있도록 꿈과 목표를 세우고 기도로 준비하고 계획했다. 성도들의 신앙 훈련과 영적 각성을 위해 제1기 비전 바이블 칼리지를 열고 제1기 오류 리더십 콘퍼런스를 개최했다. 제1기 고구마 전도학교를 열어 믿지 않는 자들에게 예수 그리스도의 복음을 전하는 한편 3대가 함께하는 온가족 특별새벽기도회와 새생명축제를 열어 심령에 성령의 불을 다시금 지피게 했다.

이런 성령의 불씨는 부흥의 불길로 활활 타올라 성령의 역사가 놀랍게 나타났다. 2005년 한 해 동안 새신자가 1,500여 명이나 성도로 등록했으며, 2006년부터는 매년 2,000여 명이 새로 등록했다. 하나님이 소나기쳐럼 내리신 부흥의 축복이었다.

부흥을 통해 하나님이 보내 주신 일꾼들로 오랫동안 계획하고 준비했던 다양한 문화 행사를 개최했다. 2007년부터 'ALL IN'(올인) 청소년 비전 캠프, 사모리조이스, 'FOR YOU'(포유), '글로리 워십 콘퍼런스', '약속의 면사포' 등을 진행했다. 다음 세대를 준비하고 한국 교회와 지역 사회를 섬기는 이 모든 프로그램이 부흥의 축복 속에서 가능했다.

한국 교회와 지역 사회를 위한
섬김과 헌신

'ALL IN' 청소년 비전 캠프

예전에 한 신문에서 교회분석학자가 쓴 글을 읽었다. "40년 후에 영국에서는 교회가 사라질 것"이라는 충격적인 이야기였다. 백발의 노인들만 커다란 교회당을 지키는 모습을 상상하면 소름이 끼친다. 그런 상황을 만나지 않기 위해서 지금부터 대비해야 한다. 한국 교회가 청소년들을 위해 프로그램을 많이 준비해야 한다. 청소년은 다음 세대를 이끌어갈 미래의 일꾼이기 때문이다. 다음 세대를 준비하기 위해서는 청소년들을 교회로 인도해야 한다.

오륜교회는 예배 갱신을 한 이후로 다음 세대를 위해서

열린문화예배를 지향한다. 열린문화예배는 청소년들이 관심을 가지는 음악, 영상 등의 문화 매체를 사용해서 젊은이들에게서 큰 호응을 받고 있다. 문화의 주소비층은 청소년들이다. 오류교회는 청소년들이 친밀하게 느끼는 문화로 하나님 말씀을 접하게 하고, 그 속에서 성령을 체험하도록 도전한다.

열린문화예배는 보성고 강당으로 예배 장소를 옮기며, 더욱더 활발해졌다. 오류교회는 청소년의 눈높이에 맞춰 다양한 프로그램을 마련해서 이들을 교회로 인도했다. 2000년 겨울 방학 기간에 청소년 찬양축제를 개최하기 시작해서, 2001년에는 청소년을 위한 뉴스타트 찬양집회, Come to the Lord 청년찬양집회, 겨울 유스캠프 등을 연달아 열었으며 세종대 대양홀에서 수험생을 위한 101콘서트를 개최하기도 했다.

오류비전센터를 완공한 이후로는 청소년들을 위한 문화축제가 규모에 있어서 더욱 커지고 내용도 다채로워졌다. 2005년에는 청소년들이 좋아하는 가수 SG워너비와 소향을 초청해서 세상에서 가장 아름다운 콘서트, 유스새생명축제를 열었다. 이듬해에는 2박 3일 일정으로 탤런트 정준

_____ 2017 꿈미 청소년 올인캠프

을 초청한 가운데 청소년 비전 캠프를 열었다.

다양하게 프로그램을 진행하며 노하우를 축적해서 이를 바탕으로 2007년부터 '올인'(ALL IN) 청소년 비전 캠프를 매년 개최한다. 올인은 청소년들이 세상 문화에 마음을 빼앗기지 않고 하나님이 함께하시는 건강한 꿈을 품도록 인도하는 비전 캠프이다. 이 캠프를 통해 청소년들이 자신의 꿈을 넘어서서 하나님의 인도하심을 발견하고, 이들에게 그 꿈에 계속 도전해 나갈 믿음과 용기를 북돋워 주려고 한다.

올인은 젊은이들과 호흡하는 다양한 문화 콘텐츠로 청소년들에게 찾아간다. 청소년들에게 사랑받는 대중 가수 중에서 하나님을 섬기는 사람을 선별해서 세우고, 청소년들의 삶에 긍정적인 비전을 심어 줄 영향력 있는 인사들로 강사진을 구성한다.

이 캠프에는 중점이 한 가지 더 있다. 바로 교회를 섬기는 사역이다. 도시보다 문화 혜택을 누리거나 신앙 집회에 참여할 기회가 적은 낙도 청소년들과 농어촌 미자립 교회 청소년들을 서울로 초대해서 콘서트를 보고 함께 예배드리며 그들의 꿈과 비전을 키워 주려고 한다.

2007년 1월 23일부터 26일까지 오륜비전센터 비전홀에서 열린 제1회 대회는 몽골 이용규 선교사, 가수 강원래 씨, 월드비전 긴급구호팀장 한비야 씨, 안민 교수, 최일도 목사를 주 강사로 농어촌교회 56명 등 청소년이 매일 2,000여 명 정도 참석했다.

2008년 제2회 대회는 서울과 광주에서 진행했다. 서울 집회는 1월 14일부터 17일까지 올림픽 체조경기장에서, 광주 집회는 1월 30일부터 2월 1일까지 김대중컨벤션홀에서 개최했다. 하정완 목사, 김문훈 목사, 가수 인순이, 김정훈, 럼블피쉬, 재즈 피아니스트 곽윤찬, 『육일약국으로 갑시다』의 저자 김성오 소장 등이 강사로 참여했다.

2009년 제3회 대회는 1월 19일부터 21일까지 조항철 목사, 테너 최승원 교수, 개그맨 정종철, 가수 자두 등을 주 강사로 오륜비전센터 비전홀에서 열었다. 농어촌 교회에서 178명이 참석한 것을 포함해서 매일 1,500명 내외가 참석했고, 청소년들은 총 4,700여 명이 참석했다.

청소년 비전 캠프 올인은 청소년들의 미래를 교회가 함께 고민하고 생각하는 청소년 축제이다. 참가 청소년들은 이전까지 교회에서 느껴보지 못한 새로운 경험에 감격했고, 하나님 안에서 자신들의 꿈을 새롭게 정립했다. 부정적인 생각에서 벗어나 모든 일을 긍정적으로 바라보며 자신감을 얻게 되었다고 이야기한다. 올인을 통해 이들이 기독교 문화를 접하고 그 속에서 하나님이 각자에게 주신 비전을 깨닫고 실천해 나가기를 바란다.

사모들의 쉼과 회복 그리고 출발 '사모리조이스'

언제인가 "목회자 사모들의 67%가 우울증을 경험했다"라는 언론 보도를 접했다. 사모는 목회자의 아내로 복음의 최일선에 있으면서도 성도들의 주목을 받지 못하는 사각지대에 있다. 때로는 희생을 강요받기도 하고, 사모는 드러나지 않게 사는 게 미덕이라고 여기는 성도들의 인식 때문에 주체적인 삶을 포기해야 할 때도 있다. 특히 미자립교회나 농어촌교회 사모들은 생활고에 시달리는 경우도 흔하다. 자신의 삶을 철저히 외면한 채 타인을 위해 살아온 사람들이 바로 한국 교회 사모들이다. 교회가 살려면 목회자 가정이 살아야 하고, 목회자 가정이 살려면 사모들도 몸과 마음이 건강해야 한다. 이런 취지로 사모리조이스를 2007년에

_____ 함께 예배하고 찬양하는 사모들

시작했다.

사모리조이스는 영성 훈련 혹은 교육 중심 프로그램과는
완전히 다르다. 쉼과 회복을 통해 사모들에게 기쁨과 행복
을 주는, 기분 좋은 여행 같은 프로그램이다. 2박 3일간의
일정 중 첫째 날은 '쉼'(Rest)을, 둘째 날은 '회복'(Recovery)
을, 셋째 날은 '새 출발'(Restart)을 주제로 해서 정서적, 영적
회복에 초점을 맞춰 자신감을 회복하도록 기획하고, 필요

에 따라 내용을 수정하며 점차 발전했다.

사모리조이스는 사모들에게 온전히 쉼을 주기 위해 이들이 편안하게 이용하도록 교회 내부 공간과 시설부터 모두 재배치하며 시작한다. 행사 기간에는 건물 내 화장실을 모두 여성 전용으로 바꾸고 인근에 있는 사우나를 섭외해 사모들이 언제든지 이용할 수 있도록 돕는다. 수준 높은 문화 공연과 다양하고 실용적인 선택 특강 등으로 차별화된 프로그램을 기획해서 진행한다. 또 교회 안에 '이어 테라피'와 '갑상선 초음파실'을 마련해 필요할 때마다 건강을 확인하도록 준비한다. 프로그램 진행 중에도 휴식과 안정이 필요한 경우를 대비해 교회 곳곳을 쉼터로 꾸미고 전문 인력을 배치한다.

사모리조이스는 레크리에이션, 정체성 회복을 위한 강의, 여성으로서의 아름다움을 찾기 위한 특강, 행복 찾기 특강, 의료 검사 및 상담 등 다양한 프로그램으로 구성한다. 사모리조이스에는 참가비가 없다. 현장에서 귀한 사역을 감당하는 사모들을 섬기고자 비용 전액을 오류교회가 부담한다. 2007년에는 사모 800명이 전국에서 참가했으며 참가를 희망하는 요청이 쇄도해서 2008년에는 수도권 300명,

지방 700명으로 총 사모 1,000명을 초청했고 2009년부터는 매년 400명에서 500명가량을 초대해서 함께한다.

또한 사모리조이스에서 사모들이 가장 뜨겁게 하나 되고 회복과 충전, 도전을 얻도록 기획한 프로그램이 바로 '우리들의 이야기'이다. 이 시간을 위해 오륜교회는 등록한 사모들을 모두 연령대별로 분류해서 조를 편성한다. 비슷한 연령대로 공동체를 구성했기에 삶과 사역 등 여러 이야기를 공유하며 공감대를 형성한다. 이 때문에 마음 문을 쉽게 열 수 있어 이후에도 함께 소통하고 중보 기도하며 동역자로서의 깊은 관계를 이어간다. 또 목회자 사모로서 누구에게도 중보 기도를 요청할 수 없던 가슴 깊은 속 이야기를 나누도록 온전히 사모들만이 나눔의 시간을 갖는다.

사모리조이스에 참여한 사모 대부분은 영과 육에 쉼과 회복을 경험하고 돌아간다. 많은 사모가 천국을 경험하고 간다고 고백하며 감사 인사를 전할 뿐 아니라 다시금 힘을 얻어 사명의 자리에서 충성을 다하겠다고 다짐하며 돌아간다. 이것이 사모리조이스 사역에 주신 가장 귀한 열매들이다.

_____ 회복과 쉼을 경험하는 사모들

사모리조이스는 2007년에 시작되어 2019년까지 총 7,345명의 사모를 섬겨왔다. 사모가 회복되고 살아날 때 가정과 교회는 다시금 힘을 얻고 사명을 향해 달려갈 수 있다. 그렇기에 이 사역은 사모 한 명이 아니라 한국 교회를 살린다고 해도 과언이 아니다. 하나님이 세우신 사모들에게 사모이기 이전에 여성으로서의 정체성을 찾아 준다. 또 교회 안팎에서 당당하게 새로운 출발을 하도록 용기를 불어넣어 주며, 목회자 아내로서, 한 가정에서 어머니로서 행복한 교회와 가정을 꾸려나갈 힘을 준다. 오륜교회는 사모리조이스 사역을 앞으로도 계속할 것이다.

무엇보다 돌아가는 길에 얼굴 가득 퍼진 그들의 미소에서 오륜교회 성도들도 함께 행복을 느끼는 사역이 바로 사모리조이스임을 깨달았다. 이 사역을 허락하신 하나님께 감사드린다.

홀사모들을 위한 아름다운 여행 'FOR YOU'

아름다운 여행 포유는 사모리조이스 행사를 진행하면서 홀사모들을 생각해서 만든 프로그램이다. 평생을 하나님의 종의 내조자로서 살다가 목사를 여의고 홀로 외롭게 살아가는 홀사모들을 위한 해외여행 프로그램이다. 이들은 교회에서도 잊힌 사람들이다. 우리는 이들을 초청해서 해외여행 기회를 주어 생활에 활력과 기쁨을 되찾아 드리고자 이런 행사를 마련했다.

2008년 처음 시작한 아름다운 여행 포유는 만 55세 이상 65세 이하 홀사모를 대상으로 지원자를 모집하고, 해외여행 무경험자, 연장자, 사별 기간 등을 고려해서 15명을 선발했다. 오륜교회가 여행 비용 전액을 부담해서 사모들은 4월 3일부터 11일까지 7박 9일간 미국 서부 지역을 돌아보는 여행을 다녀왔다.

포유에 참석한 사모들은 여행 비용이 전혀 들지 않는 너무나 파격적인 조건을 처음에는 믿지 않았다. 이단에서 하는 행사인 줄 알고 오륜교회가 어느 교파 소속인지 찾아보기까지 했다고 한다. 그러나 이 프로그램의 취지를 알고 행사를 마련한 오륜교회에 감사의 마음을 전했다. 한 사모는 "천국에 계신 우리 목사님이 미국에 보내 준 것 같다"라고 말해 참석자들이 숙연해지기도 했다. 포유는 목사를 일찍 보내고 쓸쓸한 여생을 보내는 홀사모들에게 하나님의 위로와 기쁨을 경험하게 한 소중한 시간이 되었다.

믿는 자들의 예배 축제 '글로리 워십 콘퍼런스'

하나님이 오륜교회에 주신 첫 번째 비전은 하나님의 임재가 충만한 예배를 드리는 것이다. 그래서 예배에 참석하는 모든 사람이 하나님 나라를 경험하도록 하는 것이다. 이와 더불어 이 땅에 다음 세대를 진정한 예배자로 세우는 것이 나의 꿈이다. 다음 세대 10만 명을 진정한 예배자로 세워 그들이 하나님의 보좌 앞에서 거룩하게 두 손을 들고 기뻐 뛰고 춤추며 하나님을 예배하게 하는 일이다. '글로리 워십 콘퍼런스'는 이런 비전과 소망을 품고 2007년 시작했다.

글로리 워십 콘퍼런스는 단순히 모여 하나님을 예배하는 것만을 지향하지 않는다. 하나님의 임재를 경험하는 예배 콘퍼런스이다. 규모에 있어서가 아니라 하나님의 임재에 있어서 호주의 힐송을 능가하는 워십 콘퍼런스가 되기를 꿈꾸고 있다.

또한 글로리 워십 콘퍼런스는 진정한 예배자를 세우는 예배학교이다. 성경을 보면 하나님이 받지 않으시는 헛된 경배도 있다. 하나님은 지성소로 들어가 하나님의 보좌 앞에서 드리는 예배를 받으신다. 글로리 워십 콘퍼런스는 하나님이 받으시는 진정한 예배를 드리도록 예배자들을 훈련하고 가르친다.

글로리 워십 콘퍼런스는 새로운 시대에 예배의 대안을 제시하려 한다. 한국 교회에 유익하며 성경적이고도 신선한 예배 방법들을 소개하고, 새로운 경배와 찬양곡을 만들어 전 세계에 보급하려 한다. 우리가 힐송에서 작곡한 찬양들을 부르듯 이제 우리 오륜교회도 성령의 기름부음이 있는 찬양을 작곡해서 전 세계 크리스천들과 함께 부르고자 한다. 글로리 워십 콘퍼런스가 바로 그 일을 감당하기를 소망한다.

2007년 6월 24부터 28일까지 5일간 오륜교회에서 열린 제1회 대회에는 스캇 브래너와 레위지파, 제프 디요(Jeff Deyo), 라이스 브룩스(Rice Broocks), 천태혁밴드 등이 강사와 예배인도자로 참여한 가운데 성도 약 1,500여 명이 참여했다.

2008년 10월 3일 올림픽홀에서 열린 2회 대회는 오전 10시부터 12시간 동안 멈추지 않는 예배로 드렸다. 스캇 브래너와 레위지파, 제프 디요, 브렌튼 브라운(Brenton Brown), 리타 스프링거(Rita Springer) 등 세계적인 워십 리더가 연속으로 예배를 인도했다. 2회 대회 때는 성도가 약 2,500명 등록하며 성황을 이루었다.

제3회에서는 지금까지의 찬양집회(gathering) 성격에 예배에 관한 강의와 세미나 등 콘퍼런스(conference) 형식을 더했다. 예배 훈련과 설교, 경배와 찬양으로 함께하는 행사를 진행했다.

글로리 워십 콘퍼런스에는 오륜교회 교인은 물론 타 교회 교인과 특히 젊은이들이 많이 참여했다. 이 예배 축제에서 많은 사람이 찬양을 통해서 하나님께 영광을 돌리며 살아 계신 하나님의 임재를 체험했다.

결혼 언약의 소망을 이루어 주는 '약속의 면사포'

성전을 지을 때부터 오륜교회의 예배당이 한국 교회와 지역 사회에서 귀하게 쓰임 받기를 원했다. 그래서 한국 교회를 위해 교파와 교단을 초월해 다양한 기독교 문화 행사와 교계 관계자를 치유하고 회복하는 프로그램을 도입했다. 또 지역 사회를 위해서 예배당 문턱을 낮춰 인근 지역 주민들이 교회를 자유롭게 이용할 수 있도록 문호를 개방했다.

이에 만족하지 않고 지역 사회를 섬기는 일을 구상하다가 여러 가지 사정으로 결혼식을 올리지 못하고 사는 부부들을 위해 합동결혼식 약속의 면사포를 계획했다. 결혼식은 우리 교회가 예배당 1층을 예식홀로 개방하면서 축적한 웨딩 노하우를 활용해서 진행했다.

강동구청에서 추천을 받아 매년 10쌍을 선정, 청첩장부터 시작해서 예물 커플링, 남녀 결혼 예복, 화장, 사진, 피로연 음식, 롯데호텔에서 하는 1박 신혼여행까지 결혼 예식 비용 모두를 오륜교회와 협찬사가 함께 부담한다.

_____ 약속의 면사포

　약속의 면사포는 2007년에 처음 시작해서 외국인 근로
자, 장애우, 극빈 가정 부부들이 약속은 했으나 오랫동안 지
키지 못한 결혼 예식 언약을 이루도록 도우며, 새롭게 출발
하는 가정을 축복해 왔다.

제5장

2009
~
2019

비전으로 세워져 가는

오륜교회

다음 세대를 세우는 꿈이 있는 미래

교육관 건립과 인터넷 중독 치유 센터 IDOS 설립

하나님은 나를 목회자로 부르시고, 다음 세대를 평생에 이룰 사명으로 주셨다. 다음 세대에게 믿음의 유산을 물려주고, 다니엘처럼 차세대 지도자를 키우라는 주님이 주신 마음을 오류교회 사역 기치로 내걸었다. 교회를 개척하고 아이들을 위한 예배와 사역 또 이들을 위한 공간을 항상 우선순위에 두었다. 다음 세대가 신앙의 뿌리를 견고하게 내려야 한국 교회에 미래가 있기 때문이다.

2009년 9월 20일 주일, 교육관 건축 현장에서 착공 예배를 드리며 다음 세대를 위한 사역을 본격적으로 시작했다.

이날 교육관을 건축하기 위해 작정 헌금을 드리는 시간을 가졌다. 이 시간에 많은 사람이 다음 세대 사역을 위해 기도하며 이를 세우기 위해 마음과 뜻을 모았다. 그날 이후 온 성도와 합심해서 완공할 때까지 하나님의 은혜와 도우심으로 마무리할 수 있도록 건축을 위해 기도회를 지속했다.

다음 해 마지막 날인 2010년 12월 31일에 오륜교회 교육관 '오륜 커뮤니티센터'를 대지 1,114㎡(337평), 연건평 6,064㎡(1,834평)에 지하 4층, 지상 6층으로 준공했다. 지하 2층부터 4층까지는 주차 공간으로, 지하 1층부터 6층까지는 글로벌 크리스천 리더를 세우는 영어 교육 기관 '비키키 잉글리시'와 청소년의 건강한 인터넷 문화를 위한 '인터넷 꿈 희망터(IDOS, Internet Dream & hOpe Space, 이하 아이도스)'가 자리하는 등 다음 세대 교육 프로그램을 위한 공간으로 구성했다. 특히 사회 공헌 활동 특별 전담 조직을 구성해 2년간 준비 과정을 거쳐 2012년 3월 27일 아이도스를 개소했다. 2020년부터는 꿈미학교를 이곳에서 운영하고 있다.

이 나라, 이 민족의 미래로 성장할 아이를 위해 필요한 것은 무엇이든 해 주고 싶은 마음이 부모 마음 아니겠는

_____ 아이도스 개관식

가? 아이들을 전문적으로 돌보거나 상담하는 사역자들과 교류하며 아이들에 관한 기사들을 접하면서 가정과 학교 문제를 조금 더 깊게 들여다보고 다양한 방법을 모색하기로 했다. 다음 세대 문제에는 개인 문제와 사회 구조 문제가 복잡하게 얽혀 있어 상담과 함께 짜임새 있고 실현가능한 방법으로 접근해야 한다고 생각했다.

따라서 본래 취지대로 아이도스는 각종 유해 미디어에서 청소년을 보호하는 예방 프로그램을 개발해서 교육했다.

인터넷의 역기능을 해소하기 위해 중독 평가와 심리 상담, 예술 치료 등 종합 치료를 진행하면서도, 지역 사회에서 저소득층 자녀나 한 부모 자녀 등을 지원하기 위해 보건복지부, 강동구청, 교육지원청, 경찰서 등과 연계해 대기업 사회 공헌 기금 등을 매칭해서 부모 상담 및 사회 기술 훈련, 자아 성장 프로그램들을 지원한다. 앞으로도 아동, 청소년 가정 회복을 위해 여러 가지 상담과 사업들을 병행할 계획이다. 건강한 자존감 형성에 도움을 주고 사회 구성원으로서 희망차게 준비하는 데 필요한 프로그램들을 준비하고 있다.

하나님은 다음 세대에 대한 감동을 주셨고, 교회가 이들을 섬기게 하셨다. 아이도스는 모든 사람이 이용하도록 교회와 독립된 비영리 사단 법인으로 운영한다. 2018년에 강동구 양재대로 1303 평원빌딩 3층으로 이전했고 미래 성장 신규 사업을 제시하며 사단 법인 꿈이 있는 미래와 협업해서 더욱 전문적으로 운영하고 있다. 2018년에는 송파구청에서 잠실 청소년 센터를, 2019년에는 하남시에서 하남 덕풍 청소년 문화의 집을 위탁받아 운영한다. 이렇게 하나님의 은혜로 다음 세대를 위한 사역을 확장하며 지금도 계속하고 있다.

섬김과 나눔 위원회의 정착

하나님은 내게 사도 바울처럼 어떠한 형편에든지 자족하게 은혜를 주셨다. 개척교회 시절에 어려움을 몸소 겪으며 빌립보서 4장에서 바울이 한 고백처럼 비천에 처할 줄도 알고 풍부에 처할 줄도 알아 모든 일에 배부르며 배고픔과 풍부와 궁핍에도 자족할 비결을 배웠다. 모든 것의 주인이 하나님이시고, 이를 다스리시는 분이 하나님임을 인정했기 때문이다.

그러므로 재정 문제에서 벗어났다. 또한 목회 초창기부터 올곧이 하나님만 의지하며 겸손하게 기도하는 훈련도 받았다. 하나님은 때마다 기막히게 돕는 사람들을 보내 주셔서 귀한 도움을 받게 하셨다. 그 강렬한 은혜 때문에 하나님의 사랑을 실천하며 이웃을 자신과 같이 사랑하고자 하는 사역에 사모함이 있었고, 하나님은 구제 사역의 길을 열어 주셨다.

이웃 사랑을 실천하는 데 주저할 이유가 없어서 2007년 '섬김과 나눔 위원회'(이하 섬나위)를 조직했다. 섬나위는 "성

_____ 국내 농촌 선교

숙한 주님의 제자가 되어 사람들을 그리스도께 인도하고, 섬김과 나눔으로 하나님이 기뻐하시는 세상을 만드는 데 헌신하는 것"을 사명으로 짜임새 있게 지금까지 사역을 펼쳐오고 있다.

섬나위는 교회 주변에 사는 독거노인이나 소년 소녀 가장, 장애인 가정, 극빈 가정, 복지 시설 등을 찾아가 구제와 봉사로 섬기기 시작했다. 시설 보수가 필요한 주거 공간이 있으면 언제든지 달려가며, '사랑의 쌀 나눔'이나 '사랑의

연탄 배달', '어르신 위로 잔치', '청소년 초청 잔치', '청소
년 멘토&멘티 사업' 등을 정기적으로 열어 소외된 이웃과
함께하고 그들을 돌보는 데 온 힘을 다했다. 특히 결혼식을
올리지 못한 부부들을 위해 2007년부터 결혼식을 선물해
주는 '약속의 면사포'를 진행해 왔다. 교인뿐만 아니라 이
웃 주민, 장애인 부부, 다문화 부부 등이 이 행사를 통해 결
혼식을 했다. 교인들의 자발적인 봉사와 후원으로 이루어
지니 얼마나 감사한지 모른다.

이 사역을 통해 가정을 믿음으로 인도하고, 지역 사회에
하나님의 사랑과 복음을 전하며 하나님의 강력한 축복을
경험했다. 정말이지 섬나위는 하나님 사랑에 붙들린 오륜
교회 헌신 교인들이 없으면 감히 시도할 수도 없는 귀한 사
역이다.

분립개척교회

교회란 이름만 들어도 가슴이 뛴다. 어렸을 때는 부모님
을 따라 작은 시골 교회에 다녔다. 작은 교회였지만 그곳에
임하신 주님은 크셨다. 그곳에 임재하신 성령님의 따스한
온기를 아직도 잊을 수 없다. 그곳에서 하나님을 예배하고,

구원의 복음을 전하고, 겸손하게 세상과 이웃을 섬기고, 성도와 함께 울고 웃은 기억을 생각만 해도 가슴이 벅차오른다. 목회한 지 30년이 넘었지만 여전히 하나님께 이런 초대 교회와 같은 모습을 간구한다.

교회는 건물이 아니다. 에클레시아(Ecclesia) 즉 '예수 그리스도를 주로 고백하는 사람들의 모임'이다. 예수 그리스도의 십자가 은혜로 구원받은 사람들이 함께 모여 성경 말씀을 나누고, 예수님의 이름을 뜨겁게 부르짖으며 기도하고, 찬양하는 모습이 얼마나 큰 감격인가. 마가의 다락방에서 일어난 오순절 성령 강림 사건이 열방 곳곳에서 일어난다고 생각해 보라. 하나님을 모르는 곳마다, 예수님이 필요한 곳마다 성령님이 충만하게 임하셔서 복음이 전파되어 곳곳에 교회가 세워진다고 생각해 보라. 홀로 영광 받으시는 하나님이 얼마나 기뻐하시겠는가. 그래서 교회라는 단어에는 다른 어떤 말보다 하나님을 사랑하는 마음이 잘 담겨 있다고 생각한다.

개척하고 나서 교회를 위한 기도를 단 한 번도 쉬어 본 적이 없다. 우리 교회뿐만 아니라 이웃 교회, 나아가 열방에 있는 교회를 위해 기도하는 데 온 힘을 쏟았다. 교회는 그리스도의 몸 된 지체이기 때문이다. 연합 없이 그저 내 교회만 생각하는 개교회주의로 간다면 하나님이 주신 상을 받지 못한다고 생각했다.

그렇게 교회를 위한 기도를 계속하는 가운데 하나님은 오륜교회가 한국 교회를 섬기고 대안을 제시하도록 세워 주셨다. 또, 하나님 나라를 이루기 위해 복음 사역이 필요한 지역에 교회를 세워, 그 땅의 영적 회복과 부흥을 소망하며 교회를 분립개척하도록 꿈을 주셨다. 여기에 한 가지 원칙이 더 있다. 지역 교회들과 불필요한 경쟁을 피하고, 순전히 복음으로 무장한 목회자를 파송해 지역 복음화를 이루고 싶었다.

첫 분립개척을 놓고 교인들과 함께 성령의 강력한 인도하심을 기다리며 기도에 기도를 거듭했다. 기도하지 않으면 아무것도 알 수 없고, 또 무엇도 할 수 없기 때문이다. 분립개척교회를 위해 기도하면서 교인들과 한마음이 되어 오직 주의 뜻만 좇겠다고 두 손을 높이 들었다. 이 때문에 교회를 세우는 일에는 반드시 하나님의 앞서가시는 은혜가 필요했다.

하나님은 기도하는 오륜교회가 2012년 10월 13일, 경기

도 남양주시 별내 신도시에 별내오륜교회를 첫 분립개척교
회로 설립하게 하셨다. 별내오륜교회는 200석 규모의 본당
과 교육관, 하늘정원으로 이루어진 마들프라자 7층에 자리
잡았다. 첫 분립개척 당시 하나님이 열어 주신 분립개척 사
명을 감당하며 마치 품 안의 자식을 독립시킨 것처럼 얼마
나 자랑스럽고, 또 감격스러웠는지 모른다. 별내오륜교회
에는 나은준 목사가 담임으로 부임했고, 이후 설삼열 목사
가 2014년 12월 21일 담임목사로 부임해 2019년 10월 13
일에 재정, 행정상으로 독립했다.

두 번째는 2016년 3월 27일에 분립개척한 영훈오륜교회
다. 기도하면서 오륜교회와 같이 예배가 살아 있는 교회가
강북에 세워져야 한다는 하나님의 음성을 분명히 들었다.
영훈오륜교회를 지역 사회뿐만 아니라 다음 세대 사역인
영훈학교 학원 복음화를 위해 영적 전진 기지로 삼기 원하
시는 주님의 마음을 느낄 수 있었다.

바울이 세운 데살로니가 교회는 믿음의 역사와 사랑의
수고와 예수 그리스도에 대한 소망과 인내를 지녔다. 또한
성령의 능력과 기쁨이 가득한 교회로 믿는 사람들에게 믿

_____ 영훈오류교회

음의 본이 되었다. 영훈학교와 두 번째 분립개척을 놓고 매주 성도들과 함께 기도하며 영훈오류교회가 데살로니가 교회와 같이 성령의 능력으로 복음 전파에 힘쓰며 이곳에서 믿음의 소문이 각 처에 은혜롭게 퍼져나가길 기도했다.

영훈오류교회는 영훈고등학교 백운관 소강당에서 예배를 드린다. 또한 미아사거리를 중심으로 살아가는 믿지 않는 사람들이 하나님 품으로 돌아오도록 기도한다. 거침없이 담대하게 복음을 전하는 영훈오류교회를 통해 강북에 있는 교회들이 무너진 예배를 회복하고, 하나님의 충만한 임재로 서도록, 또 하나님이 세워 주신 영훈오륜교회에서 구원을 얻는 은혜로운 소식을 듣길 기도했다. 기도의 능력에는 끝이 없다. 한 영혼을 구원하기 원하시는 하나님의 열심으로 영훈오륜교회는 건강하게 성장하고 있다.

세 번째 분립개척교회인 분당오륜교회는 약 900석 규모의 극장형 공간으로 조성된 계원예술고등학교 벽강예술관에서 2016년 12월 4일 첫 예배를 드렸다. 세 번째 분립을 준비하며 분당 지역에 개척을 두고 기도했을 때, 하나님은 특별히 오륜교회만이 가진 특성을 담으라는 마음을 주셨다. 성령님의 일하심이 두드러지게 나타나며, 사랑으로 그리스도의 화평을 이루는 공동체를 꿈꾸게 하셨다. 그래서 다윗처럼 하나님의 마음에 합한 인물을 그 교회에 세워 주시도록 기도했다. 이후 주님은 오륜교회에서 13년 넘게 성실히 사역한 강도형 목사를 영적 리더로 세워 주셨고, 오륜교회는 분당오륜교회에 영적 전쟁 선봉자로 그를 파송했다.

계원예고에 대한 하나님의 계획하심은 선명했다. 계원예고는 설립 당시 일반 사립학교였다가 기독 사립학교로 바

_____ 분당오륜교회

꾸었다. 그런데 전에 예술관을 빌려 주일예배를 드리던 교회에서 내부 사정으로 더는 예배를 드릴 수 없게 되자 학교 교목으로 다음 세대에 관심이 있던 이천우 목사가 우리 교회를 추천했다. 이 때문에 '꿈이 있는 미래'에 주시는 다음 세대 비전과 연합사역을 위해 겸손히 하나님의 뜻을 구했다. 오랜 기도 끝에 하나님은 학교 건물에서 예배드릴 수 있도록 환경을 열어 주셨다. 하나님의 은혜로 교회는 점점 든든하게 서 갔고, 2017년 12월 31일 분당구 정자동 상록마을라이프 상가 2층에 주중 예배 처소를 마련하고 입당예배를 드렸다. 지금은 오류교회 못지않게 금요철야예배를 뜨거운 심령으로 드리며, 앞으로도 기도 사역을 통해 분당 지역을 거룩하게 섬기는 일에 더욱더 헌신하려고 계획하고 있다.

송탄오류교회는 사도행전 11장 19-26절에 기록된 '하나님이 찾으시는 그 교회'를 소망하며 기도로 세워진 네 번째 분립개척교회다. 하나님은 오류교회 설립 30주년에 뜻깊게 송탄오류교회를 선물로 주셨다. 송탄오류교회에서 설립 예배를 드린 그날, 하나님이 주신 이 본문 말씀을 가지고 복음을 선포하는데 가슴이 뜨거웠다. 누구도 이곳에 분립개척교회가 세워질 거라고 상상하지 못했기 때문이다.

송탄은 하나님이 전적인 은혜로 주신 땅이다. 2018년 6월에 미군 용산 기지가 이전해 오면서 세간에 주목을 받았지만, 영적으로는 불모지나 다름없었다. 삼성전자와 LG전자 등이 투자하는 등 지역이 활기를 띠고 있었지만 상주하는 사람들보다 일을 마치면 떠나는 사람들이 많았다. 특히 이단 세력이 강해 이곳을 기반으로 살아가는 영혼들에게 하나님의 말씀으로 강력하게 도전해야 했다.

_____ 송탄오류교회

　하나님은 이런 상황을 보시며 부교역자로 6년을 섬긴 김철호 목사를 보내 반드시 광야에 길을 내시고, 사막에 강을 내시겠다고 약속하셨다. 앞으로 송탄오류교회는 하나님의 강력한 복음을 앞세워 지역 사회에 선한 영향력을 끼칠 것이다. 이 믿음으로 오늘도 주님 앞에 겸손히 나아간다.

꿈이 있는 미래

　평생 하나님 앞에서 힘을 쏟고 싶은 일이 하나 있다면 '다음 세대'라고 감히 고백한다. 다음 세대는 하나님이 주신 꿈이요, 희망이며 간절한 소망이다. 지금 한국 교회에는 그리스도의 생명력 있는 진리와 사랑을 전할 젊은 피가 필요하다. 그러나 다음 세대 그리스도인들은 영적 성장과 성숙이 아니라 점점 쇠퇴의 길을 걷고 있다. 사랑받지 못해 생긴 상처와 자존감 결핍 등으로 각종 중독에 빠져 하나님을 떠나고 있다. 게다가 갈수록 사탄은 교묘한 세속 문화로 다음 세대를 유혹한다.

그렇다고 교회로 가는 발걸음을 끊게 하는 환경만을 탓하면 안 된다. 하나님은 모든 것을 다스리신다. 하나님이 다음 세대에게 비전도 주시고, 능력도 주신다. 기독교 신앙이 쇠락하던 미국과 유럽에서 일어난 영적 부흥도 다음 세대의 회복이 일어나지 않았다면 없었을 일이다. 미국의 1차 대각성 운동 때 통나무로 로그 칼리지를 세워 부흥 운동이 있는 곳마다 크리스천 신앙과 교육의 기틀을 세운 길버트 테넌트(Gilbert Tennent) 목사는 "다음 세대를 훈련하지 않으면 미래는 없다"라는 유명한 말을 남겼다. 하나님은 부흥의 현장에 다음 세대 사역도 계획하셨다.

오륜교회는 초기부터 다음 세대에 필요한 사역을 늘 우선순위로 두며 물심양면으로 지원했다. 특별히 온 성도들을 다음 세대를 위한 중보 기도에 동참하게 했다. 그러면서 다음 세대가 예수 그리스도를 믿음으로 받은 감격과 은혜를 기억하며 하나님이 어떤 분이시고 어떤 일을 행하시는지에 대한 신앙을 잃지 않고 견고해지도록 힘썼다. 어른 세대의 눈물과 기도로 세워진 이 세대의 교회는 이제 다음 세대에게 하나님의 하나님 되심을 거룩하게 드러내며 신앙 유산을 물려주어야 한다. 이제 더는 이 일을 지체할 수 없다는 생각이 들었다.

하나님은 다음 세대를 품고 정성을 다해 기도하는 오륜교회에 사단 법인 '꿈이 있는 미래'(이하 꿈미)를 허락하셨다. 꿈미는 다음 세대를 위한 시대 사명을 가지고 시작했다. 그 첫걸음으로 전 성도의 큐티 생활과 영적 성숙을 위해 2012년 1월부터 월간지 「주만나」 큐티집을 출간했다. 현재는 큐티 사역이 '주만나 TV'로까지 영역을 확장해 새벽 강단과 온라인 플랫폼을 이용해 매일 생생하게 말씀의 은혜를 나누고 있다. 2012년 12월에는 다음 세대 부흥을 위해 꿈미 콘퍼런스를 개최했고, 그 이후로도 매년 전국에서 수천여 교회가 참여하며 사역을 공유한다. 2014년 8월 20일, 하나님은 다음 세대를 위한 문서 선교 비전을 주셨고 도서출판 꿈미를 시작했다. 다음 세대를 위해 현장에서 뛰는 각 교회와 목회자, 교사뿐만 아니라 다음 세대 아이들과 청소년들에게 필요한 교재와 단행본 등을 매년 출간한다.

2015년부터는 시대와 상황에 따라 달라지는 대안이 아니라 '하나님의 원안'을 비전으로 세우고 꿈미 사역을 시작했다. 이 사역의 핵심 가치는 전 세대가 한 주간 같은 말씀으로 은혜를 경험하고 각자 삶에 적용하며, 적용한 말씀을 중심으로 가정에서 예배를 드리고 서로의 삶을 간증하는 '원포인트 통합 교육'이다.

2017년 10월 27일, 더욱더 활발하고 새롭게 사역하기 위해 사단 법인 꿈이 있는 미래를 설립했고, 주경훈 목사를 소장으로 임명했다. 꿈미가 성장하면서 편성된 교재개발팀, 문화사역팀, 가정사역팀, 이마고 데이팀, 네트워크팀은 꿈미 철학으로 하나 되어 다음 세대를 위해 귀한 발걸음을 걷고 있다. 또한 2019년 4월 12일 정기 이사회에서 아이도스와의 사업 진행을 승인받아 학교 연계 사업으로 학교 사역도 하고 있다.

이렇게 하나님은 다음 세대를 살리는데 오류교회를 귀한

———— 사단 법인 꿈이 있는 미래

도구로 사용해 주셨다. 지금도 다음 세대만 생각하면 가슴
이 뛴다. 단순히 돌보아야 할 사랑스러운 어린 양들이라서
가 아니다. 하나님이 그토록 원하시는 하나님 나라를 이룰
세대이기 때문이다. 이 때문에 한 교회에서 담임으로 섬기
고 있으면서도 다음 세대 사역에서 하나님이 부르시면 그
곳이 어디든 충성하며 달려간다. 하나님의 영광이 곧 나의
기쁨이기 때문이다. 꿈이 있는 미래를 통해 주님의 충성스
런 군사로 쓰임 받을 사람들이 작게는 복음의 샘터 되는 교
회의 미래를 위해, 크게는 하나님 나라의 회복과 부흥을 위

해 귀하게 쓰이길 소망한다.

영훈학원

하나님은 오륜교회에 걷잡을 수 없는 은혜와 사명을 주셨다. 오륜교회가 큰일을 감당할 때마다 이러한 일을 감당할 수 있을지 의문을 품고 걱정하지 않는다. 오히려 그 시간에 "하나님, 우리 오륜교회가 감당할 수 있도록 힘과 지혜를 주시옵소서. 돕는 사람과 기도하는 사람을 보내 주시옵소서"라고 기도한다. 하나님이 하시는 일에 대해 제자로서 올바른 태도는 순종과 헌신이기 때문이다. 그리스도의 피 묻은 십자가를 세상에 전하기 위해서는 성공 확률을 계산하는 전략보다 본질에 집중하는 순전한 믿음이 필요하다.

뜻을 묻고 기도하다 응답이 오면 거리낄 게 없었다. 즉시 순종하며, 하늘의 뜻이 이 땅 가운데 이뤄지기를 힘쓰고자 도전했다. 영훈학원을 품고 기독교 공교육에 나설 때도 그랬다. 영훈학원 인수를 세상 방식대로 셈했더라면 차라리 하지 않는 게 나았을지 모른다. 그러나 주님은 이 일을 통해 다음 세대 회복은 물론, 한국 교회가 나아갈 방향을 제시하기 원하셨다.

영훈학원은 올바른 기독교 가치관과 세계관을 가진 정직하고 부지런한 성품의 글로벌 리더 양성을 건학 이념으로 두고 있다. 공교육 안에서 학원 선교에 역점을 둔 미션스쿨이다. 또한 하나님을 경외하고 이웃을 사랑하는 사람을 육성함을 교육 목표로 한다. 2015년 10월 13일 영훈학원은 학교 정상화를 위한 '영훈학원 경영의향자 공개입찰'을 열었다. 그리고 12월 28일 교육부 산하 사학분쟁조정위원회 결정에 따라 '경영의향자 공모'에 응한 3곳 가운데 서울 영훈학원(영훈초·영훈국제중·영훈고)의 최종 인수자로 오류교회가 선정되었다.

영훈초등학교는 현재 기독교 학교로서의 정체성을 인식하고 동의해서 입학한 1, 2학년 학생들을 대상으로 채플과 성경 수업을 진행한다. 영훈국제중학교도 같은 커리큘럼으로 진행하며 성경적 리더십이라는 성경 수업을 각 반마다 주1회 진행한다. 영훈고등학교 역시 주1회 채플을 드리며 학생들의 자발적인 교내 기독 활동과 교직원 경건회, 교사 기도회, 학부모 기도회 등 학교 복음화를 위해 다방면에서 노력을 기울이고 있다.

_____ 영훈고등학교

_____ 영훈중학교

_____ 영훈초등학교

학교 복음화에 대한 하나님의 강력한 섭리 가운에 또한 기도하며 도전하는 일은 교사 복음화였다. 영훈학원 복음화를 위해 곽태원 이사장은 화평의 리더십으로 학교를 이끌어 갔다. 학교 안팎으로 선한 영향력을 끼치기 위해 구체적으로 기도하며 믿는 사람들의 선한 행실로 교사 복음화에 집중했다. 다음 세대 아이들을 가르치고, 삶을 이끌어 가는 교사들이 먼저 하나님의 사랑에 항복해야 그 건강한 믿음이 자연스럽게 흘러가리라 생각했기 때문이다.

특별히 성도들과 함께 영훈학원을 위해 기도할 때마다 하나님의 마음을 품은 좋은 교사가 함께하기를 기도했다. 믿음 안에서 헌신한 성령 충만한 교사, 잘 가르치며, 가르치는 것을 즐거워하는 교사, 영성, 인성, 지성을 균형 있게 갖춘 훌륭한 교사, 연구하며 배우기를 힘쓰는 교사, 학생을 위해 전심으로 기도하고 말씀으로 이끌어 가는 교사를 세워 달라고 기도했다.

처음에 영훈학원 인수를 기도하며 결정했을 때 안팎에서 우려한 사람들이 있었다. 입시 위주의 정책 환경에서 '귀족 학교', '특권 의식'이라는 말들로 사람들이 시기하고 오해할 때도 있었다. 하지만 다른 사람의 판단에 맡기지 않고,

하나님이 정하신 옳은 길을 가자고 학원 복음화를 위해 기도하는 사람들을 독려했다. 학교 구성원들이 하나님이 주신 비전을 붙잡고, 경쟁 체제에서 우위를 점하는 입시 학교가 아니라 기독교 학교로서의 정체성을 당당하게 드러내고 있다. 세상에 선한 영향력을 끼치는 학교를 세우기 위해 모두 자기 자리에서 고군분투한다. 참으로 감사한 일이다.

영훈학원을 통한 학교 복음화 프로젝트는 현재 진행형이다. 복음화가 단순한 추상 명사가 아니라 행동하는 동사가 되기를 희망한다. 세상을 의식하고, 이에 타협하는 것이 아니라 공존하며 그들에게 예수님이 바라시는 진짜 그리스도인의 모습을 보여 주려고 한다. 그래서 교육 현장에서 아이들의 영성, 지성, 인성이 균형 있게 성장하도록 관계자 모두와 합력해서 선을 이루려고 한다. 학교 복음화의 원대한 비전을 품은 영훈학원이 하나님이 사랑하시고, 하나님을 자랑하는 제대로 선 기독교 학교가 되도록 기도하는 사람들과 함께 주의 기쁘신 뜻을 위해 힘써 달려가고자 한다.

꿈미학교

오류교회는 하나님의 전적 은혜로 세워졌다. 또한 성도

들의 기도로 많은 축복을 받았다. 나의 목회가 성령님의 인도하심을 빼고는 아무런 설명을 할 수가 없듯이 꿈미학교 또한 하나님이 세우시는 학교라는 사실을 부인할 수 없다.

2004년 12월, 오류교회는 비전센터를 짓고 입당예배를 드리며 '비전 2020/5대 비전'을 선포했다. 이중 다섯 번째 비전이 '다음 세대를 준비하는 교회'이다. 우리 교회는 위기에 놓인 다음 세대를 품고 기도하다가 꿈이 있는 미래 재단을 설립했다. 그리고 주일학교 부흥을 위해 '원포인트 통합교육'이라는 커리큘럼으로 전국 수천여 교회를 섬기고 있다. 이는 가정과 교회가 연합해서 다음 세대를 함께 세워가는 운동이기도 하다.

그런데 가정과 교회만으로는 다음 세대를 세우는 사역에 한계가 있다. 이 사실이 복음 선진국에서 많은 학자와 관련 기관들의 연구 결과로 밝혀졌다. 예전에는 마을이 생기면 교회가 세워지고 이어서 학교가 세워졌다. 이는 다음 세대를 키우는 데는 가정과 교회와 학교가 연합해야 하고, 그 중심에 하나님이 계셔야 함을 드러낸다. 그런데 학문과 학교가 세속화되며 급격하게 다음 세대가 무너지는 역사를 선진국이 밟아 왔고, 우리나라도 이를 따라가고 있음을 확

_____ 꿈미학교 수업 시간

인했다.

그러나 선진국에서도 기독교 학교에 다닌 다음 세대는 무너지지 않고 그루터기 역할을 잘 감당함을 보게 되었다. 감사하게도 하나님은 오륜교회도 이러한 시대적 상황에서 가정과 교회와 학교가 삼위일체처럼 연합하도록, 다음 세대를 세우는 사명을 좀 더 잘 감당하기 위해 꿈미학교를 세우게 하셨다. 꿈미학교의 가장 큰 특징은 '하나님이 주인'이신 기독교 대안 학교라는 점이다. 기존의 영훈학원은 미션스쿨로서 공교육 안에서 학원 선교에 좀 더 역점을 둔다면 꿈미학교는 기독교 가정에서 자란 자녀를 대상으로 좀 더 미래 지향적으로 기독교 교육을 해서 이 세상을 샬롬으로 회복하는 하나님의 용사, 즉 꿈이 있는 미래를 열어 갈 하나님의 사람을 키우는 데에 역점을 둔다.

꿈미학교의 사명은 '거룩한 씨'로 보내 주신 다음 세대가 하나님의 사람으로 자라서 꿈이 있는 미래를 열도록 돕는 것이다. 거룩한 씨는 하나님이 언약을 이루기 위해 구속사의 위기에 쓰시려고 남겨둔 사람을 뜻하며, 하나님의 사람은 이 땅에서 하나님이 뜻을 이루기 위해서 택하시고 부르시며 훈련해서 쓰시는 일꾼 또는 용사를 가리킨다. 꿈이 있는 미래는 이 땅에서 하나님 나라가 확장되고 완성되는 미래, 타락 이전으로 샬롬이 회복된 세상을 뜻한다. 하나님 나라는 하나님이 다스리는 나라로서 사랑과 정의와 평화와 번영이 충만히 펼쳐지는 세상이다. 궁극적으로는 새 하늘과 새 땅, 새 예루살렘으로 완성될 하나님 나라, 즉 새 에덴동산에서 주님과 함께 그리스도인이 세세토록 왕 노릇할 새 세상을 가리킨다.

꿈이 없는 미래를 살아갈 다음 세대가 너무나 안타깝기만 하다. 금요철야 때마다 다음 세대를 위해 기도하면서 꿈미학교를 통해 우리 자녀들이 소망이 있는, 꿈을 꾸는, 꿈이 있는 미래를 열어 가기를 주님께 간구한다. 또한 하나님이 오륜교회를 통해 세우신 꿈미학교가 하나님이 다스리는, 샬롬이 회복된 새로운 세상을 열어 가는 통로로 쓰임 받기를 기도한다.

가슴 떨리는 이름, 청년 '다니엘 무브먼트'

'청년'(青年), 생각만 해도 가슴이 떨리고 찬란하게 아름다운 이름이다. 나 역시 청년 때에 모이기만 하면 찬양하고, 기도하며, 말씀을 사모하던 공동체에서 부흥을 경험했다. 하지만 교회마다 부흥이 사그라지면서 점점 크리스천 청년들이 세상과의 영적 싸움에서 처참하게 무너지는 모습을 봤다. 특히 고등학교까지 열심히 교회를 다니다가 신앙의 홀로서기가 시작된 20대 때 청년들은 세상과 구별됨 없이 살아가기 시작한다.

청년들은 복잡한 현실을 외면하기 위해 술을 마신다. 취업과 결혼 등 스트레스가 쌓일수록 점점 더 독한 술을 원하며, 술이 마치 세상의 유일한 탈출구인 양 여긴다. 성(性)은 어떠한가? 성은 술과 함께 쾌락을 경험하기 위한 도구로 전락했다. 세상 사람들은 혼전순결을 지키면 바보처럼 여기고, 동성애를 인정하면 포용력 있는 사람으로 인정한다. 부정행위도 마찬가지다. 지식은 개인과 공동체의 변화를 만드는 귀한 도구여야 한다. 그런데 부정한 방법을 써서라도 다른 사람보다 높은 점수만 얻으면 상관없다는 생각이 청년들 사이에서 만연하다. 목회자로서 '이 문제를 어떻게 직면해야 할까?'라는 질문에 고민하기 시작했고, 청년들이 신앙의 분별력을 가지고 단합된 마음을 행동으로 옮기는 '다니엘 무브먼트'를 출범했다.

'다니엘 무브먼트'(Daniel Movement)란 거침없는 음주문화, 개방적인 성(性)문화, 살기 위해 남을 죽이는 경쟁 문화 속에서 구별되어 살기를 다짐하는 움직임으로 이 시대의 청년이라면 누구나 참여할 수 있다. 다니엘 무브먼트가 외치는 3가지 슬로건은 다음과 같다.

나는 술을 마시지 않겠습니다.

_____ 대학부 다니엘 무브먼트

나는 거룩한 성을 지키겠습니다(혼전순결, 동성애). .

나는 부정행위(대리출석, 레포트 베끼기, 커닝)를 하지 않겠습니다.

　이렇게 거룩하게 다짐하며 선포하는 이 연합 운동은 오
륜교회 대학부 공동체에서 시작해 이제 많은 젊은이에게
큰 도전을 주고 있다.

　이 캠페인과 예배는 2014년 건대와 신촌, 2015년 대학
로와 신촌 등 주요 중점 대학가를 중심으로 이어졌다. 2016
년을 기점으로는 실제적 나눔과 실천을 강조하는 연합 무

브먼트로 변화했다. 신촌 중심으로 주요 4개 거점을 정하고, 4개 부서가 함께 외치고 예배 드린 뒤, 인근 사회단체들을 섬기기 시작했다. 고아원과 양로원 등 복지센터에서는 우리의 손길을 간절히 원했고, 거룩하게 구별된 청년들은 행동으로 믿음을 실천했다. '믿음의 청년들은 이렇게 살고 있다'라고 행동하는 모습은 큰 반향을 일으켰고, 지금도 계속 이어지고 있다.

그런데 학교와 섬김의 '다니엘 무브먼트'는 2018년에 또 다른 변화를 맞이했다. 국가가 종교 다양성을 강조한 나머지 사회 시설에서 예배를 비롯한 종교적 표현을 사용할 수 없게 했기 때문이다. "오직 성령이 너희에게 임하시면 너희가 권능을 받고 예루살렘과 온 유대와 사마리아와 땅 끝까지 이르러 내 증인이 되리라 하시니라"(행 1:8)라는 말씀처럼 오류 젊은이의 눈은 다른 지역으로 향했다. 2018년 제주, 2019년 전남 고흥 거금도에서 진행한 다니엘 무브먼트는 지역 젊은이들과 연합해서 큰 영향력을 끼쳤다.

2018년 제주 다니엘 무브먼트는 다니엘기도회에 참여하는 지역교회 청소년들을 중심으로까지 사역의 범위를 넓히며, 강력한 세상 유혹에 함께 맞서는 준비를 했다. 고등학교 두 곳 입구에서 진행한 예배는 학업과 미래로 불안해하는 제주 섬 고등학생들에게 위로와 신선한 충격을 주었다. 2019 거금도 다니엘 무브먼트에서는 4개 지역으로 흩어져 익금 해수욕장에서 버스킹 예배를 드리고, 고흥군의 도움으로 해수욕장을 청소하는 등 행사를 진행했다.

앞으로 '다니엘 무브먼트'는 오륜교회만의 사역이라는 경계를 넘어 전 세계에 있는 대한민국 젊은이들과 함께 호흡하며, 지경을 넓히는 꿈을 꾼다. '다니엘 리더십 스쿨', '스탠드 펌'이라는 오륜교회만의 좋은 콘텐츠와 연합해서, 기독교 청년들만의 문화로 번지기를 기도한다.

거룩한 부담감으로 시작한 '새생명축제'

천하보다 귀한 한 영혼이라는 말은 처음 개척교회를 할 때 확실히 깨달았다. 성도가 없어 마음이 어려울 때 단 한 명이라도 복음을 듣고, 예수님을 영접하는 게 얼마나 큰 보람인지 모른다. 나의 목회에서 가장 큰 기쁨은 불신자들이 하나님을 만나 믿고, 주의 자녀가 되는 것이다. 그래서 지금도 교회를 방문하는 한 영혼이 참으로 귀하다.

오류교회는 새신자가 매주 수십 명 방문하고 등록한다. 그런데도 매년 새생명축제를 진행한다. '복음 전도'와 '영혼 구원'이 교회의 존재 목적이기 때문이다. 또한 영혼 구원을 위해 기도하고, 전도할 때 성도들에게 영적 각성이 일어나고, 전도에 열매들이 맺힌다.

새생명축제를 진행하면 많은 성도가 거룩한 부담을 느낀다. 함께 기도로 준비하며 전도 현장에 나간다. 믿지 않는 가족과 친구, 동료의 이름을 태신자로 기록하고, 함께 모여 간절히 부르짖어 기도한다. 천하보다 귀한 한 영혼을 하나님께 인도하기 위해 잃어버린 양들에게 복음을 전하며 전도할 때 비로소 목자 되신 예수 그리스도의 마음을 알게 된다.

목회자로 부름받은 순간부터 교회는 성도들이 구원의 감격을 누리도록 이를 일깨워 줘야 한다고 생각했다. 그래서 성도들이 복음의 능력을 경험하며, 복음을 전하는 교회가 되도록 했다. 이 모든 일이 새생명축제를 통해 이루어지기 때문에 매년 주님이 주신 이 사역에 전심전력을 다 하고 있다.

새생명축제는 매년 5월 마지막 주에 주일예배와 수요일 오전 예배 때 진행한다. 주일에는 믿지 않는 남편과 자녀들이 집에 있어 교회에 나올 수 없는 자매들을 배려해 수요일에도 진행한다. 중요한 것은 태신자 작정이다. 행사를 진행하기 위해서가 아니라 우리에게 주신 사명을 이루기 위해서 하는 태신자 작정이 되도록 동기 부여를 하며 관계 전도에 초점을 맞추고 있다. 이 과정을 매끄럽게 진행하고자 새

_____ 새신자 등록 부스

생명축제 준비팀에서 전도자와 태신자와의 만남을 위해 여러 풍성한 이벤트를 기획하고 준비한다.

　새생명축제 6개월 전에는 주제와 강사를 선정하는데 새신자 눈높이에 맞춰 당시 사회 이슈나 키워드를 복음에 담아내고자 노력한다. 특히 여성들이 선호하는 인물 가운데 분명한 신앙고백과 간증이 있는 연예인을 섭외한다. 2015년에는 탤런트 송채환 집사, 2016년에는 가수 노사연 집사, 2017년에는 개그우먼 이성미 집사, 2018년에는 탤런트 하희라 집사, 2019년에는 개그우먼 조혜련 집사를 강사로 초청했다.

이날에는 보통 때와 다름없이 새생명축제 주제와 연결해서 복음을 분명하게 설교한다. 그리고 설교 후에 반드시 결신 시간을 가지며, 초청받아 온 새가족들에게 예수님을 영접하고 교회에 등록하도록 권면한다. 이후 새가족 환영회를 통해 다시 한번 주님 안에서 이들을 환영하고, 복음의 핵심을 전한다. 또 교회 비전을 짧게 공유하고, 축복 기도를 해 드린다.

사실 매년 새생명축제를 진행하면 교인들이 부담스러워한다. 믿지 않는 사람들은 복음 전도를 싫어하고, 예수님을 거부하기에 성도들이 전도를 어려워하는 것이다. 당연한 반응일지도 모른다. 또 교회에 나오지 않는 가족이나 친구를 매년 태신자로 작정하고 기도하다 보면 회의감이 들 수 있다. 그러나 복음 전도를 포기할 수는 없다. 구원은 하나님께 속했기 때문이다. 하나님은 우리에게 때를 얻든지 못 얻든지 전파하라고 명령하셨다. 특별한 아이디어나 이벤트가 없더라도 복음 전도와 영혼 구원을 위해 기도하고 순종하면, 하나님이 역사하실 것이다.

그래서 여러 상황과 이유로 새생명축제를 중단한 교회에 이렇게 권면한다. 다시 복음 전도에 올인하라고 말이다. 교회마다 상황은 다르지만 어떤 모양으로든 전도하고자 기도하고 또 기도하면 하나님이 길을 열어 주신다. 오직 생명이신 예수 그리스도만이 높임을 받으시고, 예수님의 이름이 온 땅에 찬양받으실 때까지 오륜교회는 전도의 사명을 포기하지 않을 것이다.

새생명축제 사역 열매

	태신자 작정	방문자	등록자	비고
2012년	6,041명	971명	474명	
2013년	6,450명	911명	503명	
2014년	5,329명	1,140명	596명	교육부도 함께 진행
2015년	5,548명	818명	434명	주일 2주간, 수요일 오전과 저녁, 총 4회 진행
2016년	2,810명	845명	405명	주일과 수요일 오전만 진행
2017년	1,714명	627명	302명	
2018년	3,924명	832명	364명	
2019년	4,301명	857명	412명	

청년을 위한 부흥과 회복의 집회, '스탠드 펌'

'청년들이여, 하나님의 은혜 위에 굳게 서라!'

'스탠드 펌 워십'(Stand Firm Worship)은 청년들을 위한 부흥과 회복의 집회이다. 내가 속한 '한다섬'(한국 교회 다음 세대를 섬기는 사람들)을 모태로 했다. 여기에는 여의도순복음교회 이영훈 목사, 온누리교회 이재훈 목사, 지금은 케냐 선교사로 떠난 진재혁 목사, 수원중앙침례교회 고명진 목사, 만나교회 김병삼 목사, 포도원교회 김문훈 목사, 베다니교회 곽주환 목사, 한소망교회 류영모 목사, 성락성결교회 지형은 목사, CCC 대표 박성민 목사 등이 속해 있다. 한국 교회를 대표하는 목회자들이 다음 세대, 특히 청년들을 어떻게 살

_____스탠드 펌

리고 섬길지 모여 기도하다가 청년들을 위한 집회를 계획
했다.

2012년 6월 25-26일 이틀 동안 잠실실내체육관에서 모
여 하나님을 뜨겁게 찬양했다. 최하진 선교사, 공인현 선교
사의 메시지는 수많은 청년의 가슴을 울리며 도전했다. 이
렇게 스탠드 펌을 시작했다. 다음 해인 2013년부터는 오륜
교회 주관으로 이어오고 있으며 지금까지 많은 청년을 찬
양과 말씀으로 섬기며 도전하고 있다.

스탠드 펌 워십의 주목할 만한 점은 함께 드리는 예배의 자리에서 영향력 있는 찬양사역자들이 연합해서 섬긴다는 사실이다. 강명식(숭실대 CCM교수), 박철순(워십빌더스), 심형진(예수전도단), 정신호(이커브미니스트리), 심종호(마커스워십), 소진영(마커스워십), 윤주형(더원미니스트리), 김명선(뷰티풀워십) 등 예배 사역자들이 자기만의 색깔과 영성이 분명함에도 한국 교회 청년들을 섬긴다는 사명에 공감하며 스탠드 펌을 통해 예배 안에서 연합하는 의미와 가치를 나눠 왔다.

특별히 2015년에는 스탠드 펌 워십을 통해 부어주신 은혜와 도전이 컸기에 서울에서만 진행했던 집회를 지방으로 흘려보내고자 하는 마음을 주셨다. 그래서 이후 스탠드 펌 워십은 한국 교회 젊은이들에게 긴급 수혈하듯 부흥과 회복에 목말라 있는 지역을 직접 찾아가 예배하며 하나님의 마음을 흘려보냈다. 이렇게 스탠드 펌 워십 투어도 시작되었다.

그러나 인프라가 잘 갖춰진 서울에서와 달리 지방에서 진행하는 스탠드 펌 투어 때는 여러 어려움이 있었다. 그중에서도 지역교회의 마음을 얻기가 가장 어려웠다. 한 지역에서 한 번의 예배이기 때문에 피치 못하게 큰 장소가 필요했고, 주차나 교통편까지 고려하면 예배 장소는 큰 교회일 수밖에 없었다. 지방의 교회들은 분명 청년들에게 좋은 기회임을 알고도 선뜻 큰 교회에서 모이는 집회에 적극적이지 않았다. 청년들의 이동을 염려해서였다. 그런데도 첫해와 다음 해가 달랐고, 또 그다음 해까지 스탠드 펌 워십이 이어졌다. 이 사역을 기대하는 청년들은 꾸준히 늘어 가기 시작했다. 성령님이 주신 마음처럼 스탠드 펌 워십 예배 안에서는 연합을 중요한 가치로 여겼기 때문에 이런 마음이 지역마다 고스란히 흘러가고 있다.

또한 예배 장비를 잘 갖춘 곳도 있었지만 시설이 열악한 지역 교회도 적지 않았다. 그 때문에 예배와 집회에 앞서 먼저 교회 음향과 예배 환경을 진단해야 했던 일도 허다했다. 마이크가 나오는 데 몇 시간씩 걸리는 해프닝도 있었고, 작은 부품 하나를 사러 먼 길을 다녀와야 하는 날도 있었다. 이런 예배자들의 섬김과 수고가 있었기에 예배의 자리가 음향과 어우러져 훨씬 아름답고, 풍성해졌다. 하나님이 스탠드 펌 워십을 통해 이루고자 하시는 열매가 선명하게 드러났다.

감사하게도 하나님은 스탠드 펌 워십 투어를 통해 대한

민국 곳곳을 밟게 하셨다. 대전, 광주, 전주, 부산, 대구, 익산, 경산 등 크고 작은 도시를 섬기게 하셨다. 가는 지역마다 내년에 또 오라는 요청을 매번 받는다. 정말 놀라운 일이다. 투어가 계속되다 보니 지역을 놓고 준비하며 기도하다가 여러 지역에서 와 달라는 전화 요청도 받는다. 그만큼 지방에서 예배 환경에 대한 갈급함이 크다는 사실을 알았다. 예배 한 번이 청년들에게 참으로 잊지 못할 감격을 주었다.

2019년 스탠드 펌 워십은 더 넓은 비전으로 사역을 준비했다. 지금까지 스탠드 펌 사역이 청년들을 대상으로 한 사역이었다면 이제는 한국 교회의 예배를 돕고, 세우며 특히 예배 인도자들이 부재한 교회, 예배자들이 건강하게 세워져야 하는 교회와 지역을 섬기라는 주님의 부르심을 사명으로 인식했다.

지방에서 예배드릴 때면 더 멀리 떨어진 시골 작은 교회에서 승합차 한 대에 청소년, 청년들이 부흥과 회복을 소망하며 참여해 예배 시간 내내 기뻐 뛰는 일이 많다. 얼마나 사모하는지 이들은 예배가 끝난 뒤에도 좀처럼 그 아쉬움에 쉽사리 예배당을 떠나지 않고 뒷정리까지 도와주기도

한다. 이제 막 악기를 배운 친구들은 밴드 앞에 모여 앉아 어떻게 연주하는지 눈대중으로라도 보고 배우려고 한다.

그런 교회와 지체들을 섬겨야 할 필요를 모두 공감했기에 한 지역에 이틀간 머물면서 이들을 가르쳐 보기로 했다. 스탠드 펌 찬양 인도자들은 각 지역과 교회에서 예배 사역이나 찬양 사역으로 섬기는 이들을 대상으로 예배와 예배자, 콘티 작성, 예배 흐름과 곡에 대한 묵상 등을 가르쳤다. 싱어로 섬기는 예배자들은 스탠드 펌 싱어들에게 교육을 받고, 밴드 역시 각 파트별로 레슨과 교제 시간을 가졌다. 새로운 사명이고 도전이었다. 쉽지만은 않았다. 하지만 이를 통해 각 지역에 이런 사역이 절실히 필요함을 알게 되었다.

하나님은 스탠드 펌 워십을 통해 한국 교회를 섬기게 하신다. 잠들었던 예배의 감각과 영성을 깨우게 하시고, 그들을 동역자 삼아 예배하는 대한민국을 보게 하신다. 이 중심에서 젊은이들을 깨워 하나님 나라의 예배자와 사명자로 부르고 계신다. 이 귀하고 복된 사명을 하나님이 어떻게 이루어 가실지 기대한다. 그 기대함을 가지고 오늘도 청년들을 위해 새벽 무릎으로 나아간다.

국내 외국인을 선교사로 세우는
'국제 사역 외국어 예배'

목회하면서 하나님이 거룩한 계획으로 인간의 탁월한 생각을 뛰어넘으심을 수도 없이 경험했다. 하나님은 상가 교회 때부터 오류교회에 한국 교회와 다음 세대를 섬기라는 비전을 주셨다. 여기에 더해 오류교회가 한국 교회뿐만 아니라 열방을 품고 나가길 원하셨다. 교회에 아무런 시스템도 없었을 때라 이 음성을 어떻게 해석해야 할지 고민했다. 답은 철저한 순종과 무릎으로 나아가는 방법뿐이었다.

열방을 품고 나아가기 원하는 믿음으로 교회를 설립하자 외국인들도 찾아오기 시작했다. 건물과 전통에 얽매이지 않고, 복음의 기쁨을 순전하게 누리고자 새롭게 열린 예배를 드릴 때 하나님이 다민족, 다문화를 배경으로 한 영혼들을 보내 주셨다. 오류교회는 이들을 통해 이루기 원하시는 하나님의 사명과 이들을 어떻게 섬길지를 고민하며 다시 하나님의 뜻을 구했다. 기도하자 하나님은 이들을 향한 뜨거운 마음을 주셨다. 국내에 거주하는 외국인 숫자가 점점 늘어감에 따라 선교 패러다임 또한 변화해야 한다고 느꼈다. 2004년, 감사하게도 하나님은 국제 공용어인 영어 예배를 허락해 주셨다. 이어 2007년 중국어 예배, 2011년 러시아어 예배, 인도네시아어 예배, 일본어 예배, 2014년 베트남어 예배, 2016년 벵갈어 예배를 허락하심으로 국내에 외국인 사역의 문을 열어 주셨다.

외국인들이 복음에 반응하자 이들을 섬기는 사역이 생겨났다. 주일에는 외국인들을 위해 의료 서비스도 진행한다. 전문의와 약사로 구성된 의료선교팀의 헌신으로 언어 장벽이나 재정으로 어려움을 겪는 외국인들이 매 주일 치료를 받는다. 의료선교팀은 치료와 더불어 예수 그리스도의 사랑도 전한다. 외국어 예배 성도들과 사역자들은 이 과정에서 통역으로 함께 섬기며 이들에게 복음을 전하고, 예배의

_____ 중국어 예배부

자리로 초청한다.

　특히 이주민 다문화 가정이 늘어감에 따라 다문화 자매
들을 위한 다문화 센터 사역이 생겨났다. 다문화 자매들이
한국 사회에 잘 적응할 수 있도록 다양한 교육을 하고, 네
트워크를 형성해서 이들이 외롭지 않게 살아가도록 돕는
다. 남편들을 위한 모임도 만들어 건강한 가정을 세워 나가
도록 장려한다.

　다문화 가정과 유학생, 노동자와 이민자가 어우러진 외

국어 예배는 1년에 2회 연합 예배를 드리고, 2019년부터는 연합 수련회와 연합 제자훈련을 한다. 각 예배부서에 정착한 성도들이 20-50명 정도 있고, 해마다 새롭게 접촉하는 외국인 숫자는 천 명 가까이 된다. 감사하게도 매년 20명 정도가 예수님을 구주로 영접하고, 10명 이상이 세례를 받는다.

이제 해외에 나가야만 선교지의 사람들을 볼 수 있는 시대가 아니다. 조금만 눈을 돌리면 어디에나 선교와 전도가 필요한 사람들이 있다. 이슬람권, 불교권, 힌두권, 공산권 등 복음을 직접 전하기 어려운 곳에서 온 사람들이 이 땅에서 종교의 자유를 가지고 살아간다. 한국에 대해 열린 마음을 가지고 있고, 한국어와 한국 문화를 배우려는 의지가 있는 사람들이다. 이들에게 다가가 복음을 전하는 선교가 매우 효과가 크다는 생각이 들었다.

언젠가 외국인 예배를 드리는 우즈베키스탄 고려인 윤블라디슬라브 집사의 간증을 들은 적이 있다. 아내가 아파 수술을 받게 되었는데 치료하는 과정 내내 통역과 여러 도움을 받았다는 내용이었다. 또 한 번은 집사 본인이 열이 40도까지 올라가고 혈뇨가 나오는 상황에서 목회자와 성도들이 도와주어 긴급하게 치료를 받을 수 있었다고 한다. 그뿐만이 아니다. 집사의 아버지도 심혈관 질환으로 위독하신데, 교회 동역자들의 도움으로 치료받기 시작했다고 고백했다. 이런 은혜를 입은 율블라디슬라브 집사는 결핵에 걸린 외국인이 치료받고, 그가 예수님께 돌아올 수 있도록 물심양면으로 돕는 등 지금은 예배와 봉사를 통해 외국인 선교를 위해 헌신하고 있다. 이것이 신실하신 하나님의 은혜가 아니고 무엇이겠는가. 이처럼 타국에서 외로이 지내는 사람들이 주 안에 한 형제자매가 되고, 가족이 되면 얼마나 행복할까 생각하면 가슴이 뜨거워진다.

국내에 거주하는 외국인 한 사람의 회심이 갖는 의미는 크다. 한 사람이 예수님께 돌아와 그리스도의 제자로 거듭나면 한 사람의 선교사가 세워진다. 이 선교사는 언어와 문화가 다 준비된 선교사다. 오류교회는 이들을 다시 역파송해서 선교하는 비전을 품고 제자훈련과 선교 훈련을 개발하며 진행하고 있다. 현재 인도네시아와 중국에 현지인 선교사를 파송했고, 하나님은 우리 교회에 현지인 선교사를 양성해서 파송하는 비전을 주셨다.

외국인 예배가 점차 부흥하는 모습을 보면서 국제화 바

람이 부는 한국 사회를 위해 선교를 준비해야 함을 느낀다. 그래서 지금 오륜교회는 국내 거주 외국인들에게 한국 사회로 들어갈 수 있는 다양한 교육과 기회들을 제공함으로 한국 사회와 더불어 살아가도록 돕는다. 또한 선교 사역에서도 외국인과 한국인이 서로 협력해서 선을 이루는 본을 보여 주고 있다. 특별히 해외 미션 트립에 국내 거주 외국인들이 함께하면서 언어와 문화의 장벽을 허물어 주는 귀한 역할들을 감당하며, 그들 스스로가 선교사로 성장해 가고 있다. 오륜교회를 사용하시는 하나님의 인도하심과 성령의 일하심은 놀랍기만 하다. 오륜교회는 하나님 나라의 확장을 위해 외국인들과 연합하며 끊임없이 달려가고 있다.

땅끝을 향해 가는 세계 선교

오륜교회는 모든 백성이 복음을 듣고 어디든 나아가도록 파송하는 선교 외에도 선교 훈련과정을 신설해 지금까지 진행해 왔다. 선교 입문 과정은 2009년 9월 1기를 시작해서 2019년 21기까지 6주 과정을 1,505명이 수료했다. 평신도선교훈련과정(LMTC)은 2007년 1월 시작해서 2019년에는 오륜선교훈련과정(OMTC)으로 명칭을 변경했고, 2019년 9월 13기까지 419명이 12과정을 수료했다.

또한, 1994년부터 32개국으로 191개 팀 3,915명이 어린이 사역, 의료 사역, 교육 사역, 문화 사역, 전도 사역, 현지 사역자 및 한인 선교사 영성 수련회 등 다양한 콘텐츠를 가지고 미션 트립을 떠났고, 2007년부터 선교사들에게서 받은 기도 소식지로 성도들이 자발적으로 기도 모임을 시작해 2020년 2월 현재 매주 월요일 1층 그레이스홀에서 성도 50여 명이 선교 지역 간사들이 만든 기도 소식지를 보며 기도한다.

하나님은 오륜교회 30주년에 새로운 비전을 주셨고, 교회가 한 걸음 더 나아가게 하셨다. 바로 아프리카 기독교의 허브이자 영적 최전선인 우간다와 우간다 교회와 다음 세대를 품는 일이다. 이를 위해 청년부를 담당했던 배요한 목사를 선교사로 선정해서 2019년 9월 27일 금요 철야예배 때 그 가정을 파송했다.

우간다에서는 크게 두 가지 사역을 병행할 예정이다. 먼저 다음 세대 지도자를 세우고 또 꿈이 있는 미래 교육 콘텐츠로 원포인트 통합 교육을 우간다의 문화와 환경에 맞게 번역하고 여러 임상 교육을 거쳐 최종 보완한 후 사용할 예정이다. 우간다는 국민의 약 85%가 자신을 그리스도인이라 생각할 정도로 아프리카를 대표하는 기독교 국가로 알려져 있다.

하지만 명목상 기독교인이 대부분이고, 제대로 신학 교

육을 받은 목회자들이 적다. 더욱이 국민의 70%가 25세 미만일 정도로 젊은 국가이기에 다음 세대 교육이 절박하고 중요하다. 따라서 '우간다 성공회'(Church of Uganda) 교단 본부와 꿈미 교육 콘텐츠를 가지고 다음 세대 신앙 교육 프로그램을 개발해 활용할 계획이다. 여기에는 영성 훈련 프로그램, 직업 및 생활 개선 프로그램, 다음 세대 사역을 위한 교육 훈련 등을 포함한다. 이 과정을 성실히 이수한 지도자들을 우간다 현지 교회 사역에 배정하거나 인근 이슬람 국가로 파송해 무슬림의 영혼을 위해 기도하는 선교사로 세울 예정이다.

우간다는 하나님이 오륜교회에 주신 선교의 땅이다. 2019년 12월에 우간다에서 열린 '오륜교회와 함께하는 2019 우간다한인선교사협회 영성 수련회'에서 말씀을 전했다. 하나님이 교회에 주신 교육 선교 역량을 우간다의 다음 세대를 세우는 일에 집중하겠다고 선포했다. 하나님은 오륜교회 꿈미를 통해 다음 세대를 세우라고 명령하셨고, 이제는 이 헌신이 열방으로 나아갔다. '아프리카의 진주' 우간다를 복음으로 빛나게 하실 소망을 우리에게 주셨다. 오륜교회는 우간다를 가슴에 품고 이곳이 복음으로 하나님

240

을 기뻐하는 땅이 되도록 영적, 인적, 물적 자원 등 모든 역량을 하나님께 간구하며 준비하고 있다.

제6장

2020

~

새로운 30년을 위한 오륜교회 미래 비전

꿈이 있는 교회

교회는 건물이나 조직이 아니다. 예수 그리스도를 주로 고백하는 사람들의 모임이다. 하나님이 주신 꿈을 향해 달려나가는 비전 공동체이다. 그러므로 교회는 반드시 하나님이 주신 꿈을 가져야 한다. 꿈이 없는 민족이 망하듯이 꿈이 없는 교회도 망한다. 하나님은 반드시 피 흘려 값 주고 세우신 교회에 꿈을 주시고 그 꿈을 향해 달려가게 하신다. 인생은 열심히 사는 것보다 방향이 중요하다. 마찬가지로 교회 역시 방향이 중요하다. 그 방향이 바로 하나님이 우리에게 주신 꿈이다. 하나님의 사람에게 꿈은 달려가야 할 인생의 푯대이며 굳건한 믿음의 깃발이다.

꿈이 없는 사람은 안주하게 된다. 고인물이 썩듯이 이런 사람은 영혼도 병든다. 사사로운 일에 목숨 걸며 영적 에너지를 낭비한다. 바람 부는 대로, 물결치는 대로 산다. 그래서 하나님은 꿈꾸는 사람을 찾으시고 꿈이 있는 교회를 찾으신다.

하나님은 당신이 주신 꿈을 꾸며 그 꿈을 믿음으로 선포하며 나아갈 때 그 꿈꾸는 사람들에게 복을 주신다. 현실에는 아무것도 보이지 않아도 그 꿈을 믿음으로 선포하며 나갈 때 꿈을 이룰 전략을 주시고 필요한 재정을 예비해 주신다. 그 꿈을 함께 이루어 갈 사람들을 붙이신다.

요셉에게 주신 꿈 때문에 보디발의 가정과 간수, 더 나아가 애굽이라는 나라까지도 복을 받았다. 마찬가지로 하나님이 교회에 주신 꿈 때문에 성도들의 가정과 기업도 복을 받는다. 하나님은 꿈을 따라 복을 주신다. 꿈 때문에 기업의 지경을 넓히시고, 건강을 주시고, 가정을 지키시고, 자녀들에게 복을 주신다. 그러므로 꿈이 중요하다.

역사를 움직인, 한 시대에 쓰임 받은 사람들은 한결같이 지식이 많은 사람이 아니라 꿈을 가진 사람이었다. 자기 소원을 이루는 이기적인 야망이 아니라 하나님 나라의 꿈을 가진 사람들이었다. 요셉은 어린 시절에 꿈을 가지고 하나님을 섬겼다. 삶에 수많은 아픔이 있었지만 하나님은 그를 애굽 총리로 세우셨다. 하나님의 구원 역사를 이루어 가는 중요한 통로로 요셉을 사용하셨다.

나는 꿈꾸는 사람이다. 우리 오륜교회는 꿈이 있는 교회이다. 성령님은 꿈꾸는 영이시다. 그러므로 꿈꾸는 대로 반드시 이루어진다. 매일 하나님이 우리 교회에 주신 꿈을 바라보며 그 꿈을 믿음으로 선포하며 기도한다.

아침에 눈을 뜰 때 하나님이 주신 꿈을 그리며 시작하고, 잠자리에 들 때도 하나님이 주신 꿈을 그리며 잠이 든다. 때로는 하나님이 주신 꿈 때문에 잠을 설칠 때도 있다. 수많은 젊은이가 하나님의 보좌 앞에서 다윗처럼 마음껏 기뻐 뛰고, 춤추며 예배하는 모습을 상상해 보자. 그들이 하나님이 주신 꿈을 가지고 열방으로 나아가는 모습을 상상해 보자. 해외 10개 선교센터를 통해서 교회가 수천 곳에 세워지고, 그 교회를 통해 수많은 영혼이 돌아오는 모습을 상상해 보자.

우리 오륜의 모든 가족이 함께 이 비전을 공유하기 원한다. 모두 함께 손에 손잡고 하나님이 주신 이 비전을 향해 달려가기를 원한다. 이제 하나님이 교회에 주신 다섯 가지 비전에 인생의 초점을 맞추자.

마침내 그 꿈이 이루어지는 날 떨리는 가슴으로 그 꿈을 이루신 하나님의 열심을 찬양할 것이다. 하나님의 보좌 앞에서 뜨거운 눈물을 흘리며 거룩하게 두 손 들고 하나님의 신실하심을 찬양할 것이다. 오륜교회 모든 가족이 이 꿈의 주인공들이 되기를 소원한다. 하나님은 이 꿈 때문에 당신을 축복하신다.

오륜교회 5대 비전

하나님의 임재가 충만한 교회(예배)

"아버지께 참되게 예배하는 자들은 영과 진리로 예배할 때가
오나니 곧 이 때라 아버지께서는 자기에게 이렇게 예배하는
자들을 찾으시느니라"(요 4:23).

예배는 살아 계신 하나님을 높여 드리는 것이다. 나를 죄
와 사망의 법에서 구원하신 그 하나님께 나아와 최상의 경
배를 드릴 때 예배 가운데 하나님이 임하셔서 말씀으로, 또
성령의 임재로 우리를 만나 주신다. 그러므로 예배는 구원

——— 본당에서의 회중 찬양

받은 성도들의 축제이다. 단순히 예수님의 십자가를 기념하거나 묵상만 하는 시간이 아니다. 예배에서 우리는 십자가로 주신 놀라운 구원의 축복을 누린다. 그러므로 예배에는 하나님의 임재가, 하나님을 만나는 감격이 있어야 한다. 감격과 하나님의 임재가 없다면 예배가 아니다.

하나님이 주신 첫 번째 비전은 하나님의 임재가 충만한 예배를 드리는 교회가 되는 것이다. 지구상에 존재하는 예배 공동체 가운데 하나님의 임재가 가장 충만한 예배를 드리기 소원한다. 예배에 참석하는 모든 사람이 하나님 나라

를 경험하고, 하나님의 임재 속에 귀신들이 떠나가고 병든
자들이 고침을 받으며, 상한 심령들이 치유를 받고, 선포되
는 말씀 앞에서 가슴을 치며 통회하고 회개하는 모습들을
상상해 보자. 하나님이 교회에 주신 꿈은 우리만이 그런 예
배를 드리는 미래가 아니다. 10만의 다음 세대를 진정한 예
배자로 세워 그들이 하나님의 보좌 앞에서 거룩하게 두 손
들고 기뻐 뛰며, 춤추고 하나님을 예배하게 하는 일이다. 글
로리 워십 콘퍼런스, 다니엘기도회, 중보 기도 등을 통해 하
나님의 임재가 충만한 교회를 만들어 나가고 있다.

주의 오실 길을 예비하는 교회(선교)

"이 천국 복음이 모든 민족에게 증언되기 위하여 온 세상에
전파되리니 그제야 끝이 오리라"(마 24:14).

모든 민족에게 복음이 증거될 때 세상에 끝이 오고, 세상
의 끝 날에 예수님이 오신다. 그러므로 천국 복음을 증거
해서 복음을 거부하는 백성들과 복음을 전혀 모르는 미전
도 종족에게 복음을 전파해야 한다. 복음 전도가 예수님이

다시 오시는 길을 예비한다. 120년 전에는 우리 민족도 미전도 종족이었다. 이 땅은 메마르고 가난했다. 고집스럽게 얼룩져 어둠으로 가득했다. 하지만 복음의 불모지인 이 땅에 천국 복음을 들고 찾아왔던 사람들이 있었다. 사망의 그늘에 앉아 우상을 숭배하던 우리 조선인에게 생명의 복음을 전해 준 사람들이다. 바로 아펜젤러(Appenzeller)와 언더우드(Underwood)를 비롯한 선교사들이다. 우리 민족을 사랑한 선교사들이 있었기에 오늘 우리와 한국 교회가 있다. 그분들이 태평양을 건너와 복음을 전했기에 6만여 교회와 860만 성도가 있다. 이제 한국은 선교사를 1만 7,000여 명 파송한 미국 다음가는 선교 대국이 되었다.

이제는 우리가 갈 차례이다. 복음에 진 빚을 갚을 차례이다. 세례 요한이 되어 이 시대를 위해 예수님이 다시 오실 길을 예비하는 사람들이 돼야 한다. 하나님은 지금 우리를 부르신다. "내가 누구를 보내며 누가 우리를 위해서 갈꼬." 이제 복음의 빚진 사람으로 나아가야 한다. 일생을 현장에 묻는 선교사가 되지는 못할지라도 보내는 선교사는 돼야한다. 오류 가족은 모두 선교사이다.

우리 교회는 미전도 종족 입양과 사단 법인 프렌즈를 통한 NGO 사역, 실업인 선교회, (주)토비아스 법인 등 여러 선교회와 해외 10개 선교센터를 중심으로 다양한 선교 전략을 세워 다시 오실 예수님의 재림을 준비하고 있다.

영향력 있는 사람을 세우는 교회(훈련)

"그러므로 너희는 가서 모든 민족을 제자로 삼아 아버지와 아들과 성령의 이름으로 세례를 베풀고 내가 너희에게 분부한 모든 것을 가르쳐 지키게 하라 볼지어다 내가 세상 끝날까지 너희와 항상 함께 있으리라 하시니라"(마 28:19-20).

성경에 나오는 하나님의 사람들은 한결같이 그 시대에 가장 영향력 있는 사람들이었다. 요셉, 다니엘, 다윗, 바울과 베드로, 평신도인 빌립 집사 등 모두가 영향력 있는 삶을 살았다. 하나님의 사람은 있으나 마나 한 사람이 아니라 필요한 존재여야 하며, 더 나아가 선한 영향력이 있는 사람이 돼야 한다. 그런데 영향력을 끼치는 사람이 되려면 배움과 훈련이 필요하다. 배움과 훈련이 없이는 그 누구도 영향

_____ 오륜 중보기도학교

력 있는 삶을 살 수 없다.

　우리 오륜교회는 이 시대에 선한 영향력을 끼치는 사람
들을 세우기 위해 많은 배움의 장을 만들어갈 계획이다. 예
수님 닮은 제자를 세우기 위해 끊임없이 훈련하려고 한다.
이제 머지않아 정치, 경제, 사회, 문화 등 모든 영역에서 선
한 영향력을 행하는 오륜의 지체들을 볼 것이다. 그리고 그
들로 인해서 진정한 변화의 역사가 이 땅 가운데 일어나리
라 믿는다. 훈련이 없이는 그리스도의 강한 군사가 될 수

없다. 세상 사람들도 출세하기 위해 열심히 사는데 하나님의 사람인 우리는 어떻게 살아야 하겠는가. 하나님이 주신 은혜를 전하기 위해서라도 더 부지런히 배우고 훈련받아야 한다. 하나님은 오륜교회에 예수님의 제자를 세워 모든 분야에서 선한 영향력을 끼치는 사람을 세우라고 사명을 주셨다. 우리는 하나님이 맡기신 이 중대한 일을 결코 포기할 수 없다.

우리 교회는 제자훈련, 사역훈련, 비전바이블칼리지, 상담학교, 중보기도학교, 크로스웨이 등 여러 프로그램으로 그리스도의 강한 군사를 세우고 있다.

섬김과 나눔을 실천하는 교회(나눔)

"임금이 대답하여 이르시되 내가 진실로 너희에게 이르노니 너희가 여기 내 형제 중에 지극히 작은 자 하나에게 한 것이 곧 내게 한 것이니라 하시고"(마 25:40).

사회는 갈수록 삭막해진다. 오늘 우리 주변을 보면 무관심 속에 멀어져 가고, 방치되어, 죽어 가는 영혼이 얼마나 많은지 모른다.

섬김과 나눔은 하나님의 명령이다. 예수님은 "지극히 작은 자 하나에게 한 것이 곧 내게 한 것이니라"라고 말씀하셨다. 나눔은 해도 되고 안 해도 되는 선택의 문제가 아니라 반드시 해야 한다. 초대교회 성도들은 마음과 뜻이 하나 되어 물건을 통용했다. 서로 필요를 따라 나누었다. 하나님이 주신 축복을 나누는 모습은 너무나 아름답다. 섬기며 나눌 때 하나님의 사랑과 생명이 흘러간다. 반대로 하나님의 사랑과 축복을 받기만 하고 흘려보내지 않으면 영혼이 오염되고 병든다. 그러므로 없다고만 말하지 말고, 다음으로만 미루지 말고, 지금 섬기고 나누며 살아야 한다. 섬김과 나눔은 소유의 문제가 아니다. 성품과 사랑의 문제이다.

우리 교회는 섬김과 나눔을 실천하기 위해 사모리조이스, 약속의 면사포, 늘푸른 대학, 독거노인에 대한 지원 등을 실시하고 있다. 이 밖에도 오류119 조직, 오류장학재단 설립 등을 계획하고 있다.

───── 지역 사회 불우 이웃을 위한 연탄 배달

다음 세대를 준비하는 교회(문화)

"너희는 이 세대를 본받지 말고 오직 마음을 새롭게 함으로
변화를 받아 하나님의 선하시고 기뻐하시고 온전하신 뜻이
무엇인지 분별하도록 하라"(롬 12:2).

사사기 2장 10절을 보면 '그 세대'와 '그 후에 일어난 다
른 세대'가 나온다. 그 세대는 여호와가 행하신 일을 봤고,
다른 세대는 여호와를 알지도 못했다. 우리 다음 세대도 우
리와 전혀 다른 세대가 될 수 있다. 그러므로 다음 세대에
관심을 집중해야 한다. 때로는 이해할 수 없어도 그들 문화
를 이해하며 품어야 한다. 우리가 다음 세대에 집중하지 않
고 이들을 위해 준비하지 않으면 우리가 이 세상을 떠날 때
다음 세대들이 우리와 전혀 상관이 없는 다른 세대가 된다.

그러므로 다음 세대를 위해 교회 문턱을 낮추고 문화에
열린 마음을 갖고 그들에게 나아가야 한다. 하나님은 우리
에게 다음 세대를 준비해서 진정한 예배자로 세우라는 꿈
을 주셨다. 다음 세대가 야망이 아니라 하나님이 주신 꿈을

───── 다음 세대와 함께하는 오륜교회

갖게 해야 한다. 이제 우리는 다니엘, 요셉, 다윗과 같이 세상을 치유하고 변화시키는 꿈의 사람을 키워내야 한다. 병든 세상을 사랑으로 품고 기도하며 안아 줄 사랑의 거인들을 세워야 한다.

우리 교회는 다음 세대를 준비하며 올인 청소년 비전 캠프를 매년 개최하고 있다. 인터넷에 중독된 청소년을 위한 치유 프로그램을 준비하고 있으며 다음 세대를 영향력 있는 사람으로 세워나가기 위해 꿈이 있는 미래와 기독교 대안학교를 설립해 운영하고 있다.

하나님이 주신 꿈은 어떻게 이루어지는가

꿈은 가지고 있다고 해서 그냥 이루어지지 않는다. 감이 내 입속으로 떨어지기를 기다리며 감나무 밑에 누워 입을 벌리고 있는 사람처럼 소극적인 태도로 있어서는 안 된다. 하나님이 주신 꿈이 이루어지기 위해서는 전략과 과정이 필요하다.

목표를 설정하라

비전을 이루기 위해서는 목표가 분명해야 한다. 목표는 쓸데없는 갈등과 이중 노력을 덜어 준다.

미국 국무장관 콘돌리자 라이스(Condoleezza Rice)는 10살

때 부모와 함께 전국을 여행하다가 백악관에 들렀다. 그녀는 건물 외관을 찬찬히 응시하다가 이렇게 말했다.

"아빠, 제가 백악관을 밖에서 구경해야 하는 건 피부색 때문이에요. 두고 보세요. 전 반드시 저 안으로 들어갈 거예요."

라이스는 꿈을 가진 지 25년 만에 아버지 부시 대통령의 외교 정책 자문관으로 당당히 백악관에 입성했고, 그로부터 12년 후인 2002년 아들 부시의 최고 참모인 국가안보보좌관으로 백악관에 재입성해서 흑인 여성 최초로 국무장관이 되었다.

꿈꾸는 사람이 성취한다. 하나님께 영광이 되고 사람들에게는 유익이 되는 큰 목표를 구체적으로 세우자.

미국 하버드 대학에서 목표, 곧 꿈이 인생에 미치는 영향을 조사했다. IQ와 학력, 성장 환경 등이 서로 비슷한 사람들을 대상으로 한 조사에서 27%는 목표가 없고, 60%는 목표가 희미하며, 10%는 단기 목표만 있다고 응답했다. 오직 3%만이 명확한 장기 목표를 갖고 있다고 대답했다. 이들을 25년 동안 추적해서 연구한 결과, 명확하고 장기적인 목표가 있던 사람 3%는 25년 후 사회 각계에서 최고 인사가 되었다. 단기 목표를 지닌 사람 10%는 대부분 사회에서 중상위 층에 머물렀다. 그들은 단기 목표를 여러 번에 나누어 달성해서 안정된 생활 기반을 구축했으며, 사회 전반에 없어서는 안 될 전문가로 활동하고 있었다.

그중 목표가 희미했던 60%는 대부분 사회에서 지위가 중하위 층에 머물러 있었다. 그들은 모두 안정된 생활 환경에서 일했지만, 10%의 사람들에 비해 뚜렷한 성과는 없었다. 27%의 목표가 없던 사람들에게 주목해 보자. 그들은 모두 최하위 수준의 생활을 하고 있었다. 취업과 실직을 반복하며 사회가 나서서 구제해 주기만을 기다렸다. 때로는 남을 원망하고, 사회를 원망하면서 말이다. 비전을 이루기 위해서는 목표가 분명해야 한다.

비전을 함께 공유하라

해체된 지 30년이 지났지만 지금도 전 세계가 열광하는 록 밴드가 있다. 바로 비틀즈다. 지금까지 음반이 10억 장 이상 팔렸고 인터넷 동호회만 수천 개라고 한다. 비틀즈 팬들은 10대부터 70대까지 전 세계에 퍼져 있다. 비틀즈 노래는 지금도 인류 최대의 문화 콘텐츠이며 스토리가 있는 최고의 무형 상품이다.

그들이 데뷔 이래 40년 동안이나 꾸준히 폭발적인 인기를 누리는 비결은 과연 무엇인가? 영국 소도시 리버풀을 세계적인 명소로 만든 시골 청년 네 명에게 있던 힘의 근원은 무엇인가? 그것은 모든 팬들이 함께 같은 희망을 품은데 있다. 그들은 항상 같은 생각을 했다. 혼자서 꿈을 꾸면 몽상으로 그칠 수 있지만 넷이 함께 꿈을 꾸면 현실이 된다. 멤버가 모두 독특한 개성을 가졌지만 그들은 멋진 조화를 이루었다. 비틀즈는 완벽에 가까운 팀워크로 하나 됨의 힘을 증명해 보였다.

분열을 나타내는 영어 'divison'은 둘(di)과 비전(vision)의 합성어이다. 즉 비전이 하나 되지 못하고 둘로 나누어지면 분열이 생긴다. 리더들이 하나님이 주신 비전을 함께 공유하지 못하고 이에 협조하지 않을 때 교회에 분열이 나타난다.

빛의 힘은 그 초점에 달려 있다. 여기저기로 퍼진 빛은 별다른 효과를 발휘하지 못한다. 그러나 초점이 한곳에 모이면 그 빛은 철판을 자르는 레이저 광선이 된다. 빛은 초점이 한곳에 모이면 모일수록 더욱 강해진다. 교회도 마찬가지다. 그러므로 우리는 비전을 함께 공유해야 한다. 그 비전을 이루기 위해서는 모든 성도가 이에 동의하고 이를 함께 공유하며 따라 나아가야 한다.

믿음의 눈으로 바라보며 선포하라

하나님은 아브라함에게 "네 씨로 말미암아 천하 만민이 복을 얻으리라"라고 말씀하셨다. 그런 다음 아브라함을 밖으로 불러내어 밤하늘에 빛나는 별들을 바라보며 세어 보라고 말씀하셨다. 그리고 "네 자손이 이와 같으리라"라고 말씀하셨다. 믿음은 바라는 것들의 실상이다. 모든 상상력을 동원해서 하나님이 주신 꿈을 날마다 그려 보자.

하나님의 임재가 충만한 예배를 드리는 모습을 상상해 보자. 열방을 향해 나아가 주의 오실 길을 예비하는 모습을 생각해 보자. 성도들의 삶의 현장 속에 하나님의 사랑과 생명이 흘러가는 모습들을 날마다 상상해 보자.

믿음으로 고백하고 그 꿈을 선포하자. 하나님은 우리가 그 꿈을 고백하고 선포하기를 원하신다. 그러나 마귀는 꿈이 선포되는 것을 제일 싫어한다. 왜 요셉이 형들로부터 그렇게 미움을 받았을까? 왜 형들에게 잡혀 죽을 뻔하다가 애굽에 종으로 팔려 갔을까? 하나님이 주신 그 꿈을 이야기했기 때문이다.

"요셉이 꿈을 꾸고 자기 형들에게 말하매 그들이 그를 더욱 미워하였더라"(창 37:5).

"그의 꿈과 그의 말로 말미암아 그를 더욱 미워하더니"(창 37:8).

입에서 나오는 말에는 능력이 있다. 잠언 18장 21절은 "죽고 사는 것이 혀의 힘에 달렸나니 혀를 쓰기 좋아하는 자는 혀의 열매를 먹으리라"라고 했다. 사람은 반드시 입술의 열매대로 된다. 믿음의 눈을 떠서 하나님이 주신 꿈을 바라보며 믿음으로 고백하며 나갈 때 하나님은 그 꿈이 이루어지도록 재정과 환경과 사람들을 준비시키신다.

기도하라

꿈을 꾸게 하시는 분도 성령님이시지만 성취하시는 분도 성령님이시다. 어떻게 노예가, 죄수가 국무총리가 되겠는가? 비전은 기도 없이 이루어지지 않는다. 기도의 무릎 없이 비전은 이루어지지 않는다.

최선을 다하여 미래 가치에 투자하라

우리나라 최초로 우주인이 탄생했다. 선발 과정부터 우주인이 되기까지 얼마나 까다로운 훈련을 받아야 했는지 모른다. 마음만 먹는다고 해서 우주 비행사가 되는 것이 아니다. 외과 의사들도 수술을 잘하려면 오른손과 왼손을 모두 잘 써야 한다. 그래서 왼손으로 젓가락질을 하고 콩을 집는 훈련을 한다고 한다. 최선을 다하는 모습이다.

비전의 사람은 이렇게 최선을 다해야 한다. 최선을 다할 뿐만 아니라 미래 가치에 투자해야 한다. 꿈의 사람은 미래 가치를 위해 현재 가치를 희생하는 사람이다. 낮은 가치를 심어 높은 가치를 거두고, 작은 것을 심어 큰 것을 거둔다. 꿈의 사람은 심음의 법칙을 믿는다. 최고의 것을 거두기 위해 최고의 것을 심는다.

하나님이 주신 꿈에 도전하는 오륜의 지체들은 오늘의 이익에 연연하지 말고 미래 가치에 투자하기를 바란다. 다음 세대를 위해, 주의 오실 길을 위해 투자하는 것은 결코 낭비가 아니다.